高校入試

まとめ上手 5科

社会
理科
数学
英語
国語

Social Studies

Science

Mathematics

English

Japanese

本書の特色と

この本は，主要5 豊富な図や表を使ってわかりや わかるので，定期テストや高校入試の対策に最適の本です。

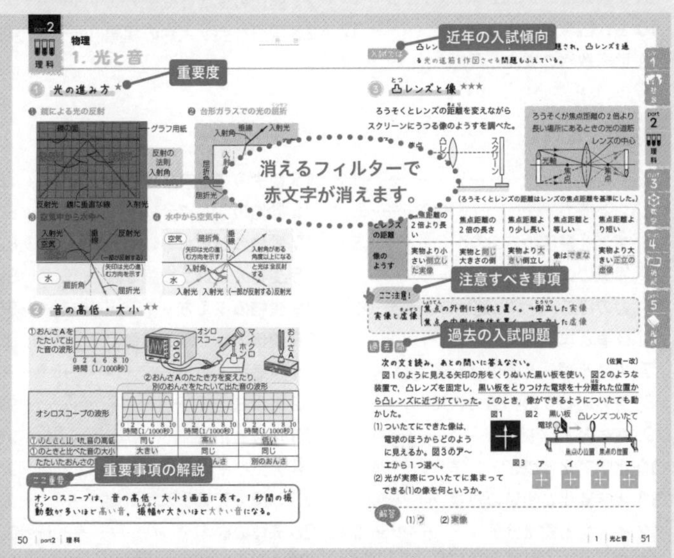

同じ時代のできごとを比べて理解を深めます。

重要事項を理解できたか確認する問題です。

もくじ

part1 社 会

地理

1 世界と日本のすがた …… 4
2 世界のさまざまな地域 (1) …… 6
3 世界のさまざまな地域 (2) …… 8
4 地域調査，日本の自然・人口 …… 10
5 日本の資源・エネルギー，産業 …… 12
6 日本の交通・通信，日本の地域区分 …… 14
7 日本の諸地域 (1) …… 16
8 日本の諸地域 (2) …… 18

歴史

9 文明のおこりと日本の成り立ち …… 20
10 古代国家のあゆみ …… 22
11 武家政治の成立と展開 …… 24
12 ヨーロッパの動きと全国統一 …… 26
13 江戸幕府の成立と諸改革 …… 28
14 欧米の近代化と江戸幕府の滅亡 …… 30
15 近代日本の成立と発展 …… 32
16 二度の世界大戦と日本 …… 34
17 現代の日本と世界 …… 36

公民

18 わたしたちが生きる現代社会 …… 38
19 基本的人権と日本国憲法 …… 40
20 民主政治と政治参加 …… 42
21 消費生活と経済 …… 44
22 国民の生活と福祉 …… 46
23 国際社会と人類の課題 …… 48

part2 理 科

1 光と音 …… 50
2 力と圧力 …… 52
3 電流と電圧のきまり …… 54
4 電流のはたらき …… 56
5 力の合成・分解と運動のようす …… 58
6 仕事とエネルギー …… 60
7 エネルギーとその移り変わり …… 62
8 身のまわりの物質の性質 …… 64
9 気体と水溶液 …… 66
10 化学変化と原子・分子 …… 68
11 化学変化と物質の質量 …… 70
12 イオンと電気分解 …… 72
13 酸・アルカリとイオン …… 74
14 植物のからだのつくり …… 76
15 植物のなかま分け …… 78
16 動物のなかま分け …… 80
17 動物のからだのしくみ …… 82
18 生物の成長と細胞分裂 …… 84
19 生物のふえ方 …… 86
20 遺伝のしくみと生物の進化 …… 88
21 自然と人間 …… 90
22 火山と地震 …… 92
23 地層と化石 …… 94
24 天気とその変化 …… 96
25 季節の天気と天気予報 …… 98
26 天体の観測 …… 100
27 太陽系やその他の天体 …… 102

part3 数学

1 正の数・負の数の計算 ……… 104
2 式の計算 (1) ……… 105
3 式の計算 (2) ……… 106
4 乗法公式と因数分解 ……… 107
5 平方根 (1) ……… 108
6 平方根 (2) ……… 109
7 1次方程式 ……… 110
8 連立方程式 ……… 111
9 2次方程式 ……… 112
10 比例と反比例 ……… 113
11 1次関数 (1) ……… 114
12 1次関数 (2) ……… 115
13 関数 $y=ax^2$ ……… 116
14 放物線と直線 ……… 117
15 平面図形 ……… 118
16 空間図形 ……… 119
17 図形の計量 (1) ……… 120
18 図形の計量 (2) ……… 121
19 平行と合同 ……… 122
20 三角形と四角形 ……… 123
21 相似な図形 ……… 124
22 平行線と線分の比 ……… 125
23 円 (1) ……… 126
24 円 (2) ……… 127
25 三平方の定理 (1) ……… 128
26 三平方の定理 (2) ……… 129
27 確　率 ……… 130
28 データの活用 ……… 131

part4 英語

1 動　詞 ……… 132
2 未来表現・助動詞 ……… 134
3 命令文・否定表現 ……… 136
4 間接疑問・付加疑問・疑問詞 … 138
5 名詞・代名詞・冠詞 ……… 140
6 不定詞 ……… 142
7 動名詞 ……… 144
8 分　詞 ……… 146
9 比　較 ……… 148
10 受動態(受け身) ……… 150
11 現在完了 ……… 152
12 関係代名詞 ……… 154
13 仮定法 ……… 156
14 SVOO, SVOC の文 ……… 158
15 前置詞・接続詞・重要な連語 … 160

part5 国語

※国語は巻末から始まります。

1 入試によく出る 漢字の読み ……… 179
2 入試によく出る 漢字の書き ……… 177
3 入試によく出る 語　句 ……… 175
4 文節相互の関係と品詞の分類 … 173
5 動詞・形容詞・形容動詞 ……… 171
6 副詞・連体詞 ……… 169
7 助詞・助動詞 ……… 167
8 詩・短歌・俳句 ……… 165
9 古　典 ……… 163

地理

1. 世界と日本のすがた

月　日

① 世界の国々と地域区分★★

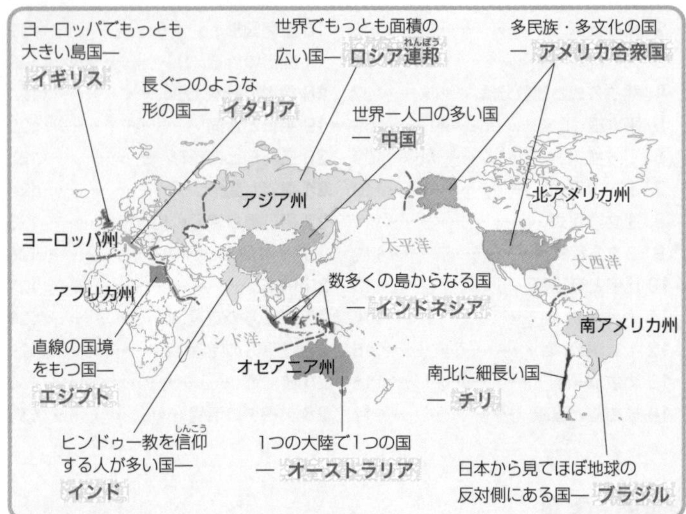

② 地球儀と世界地図★★

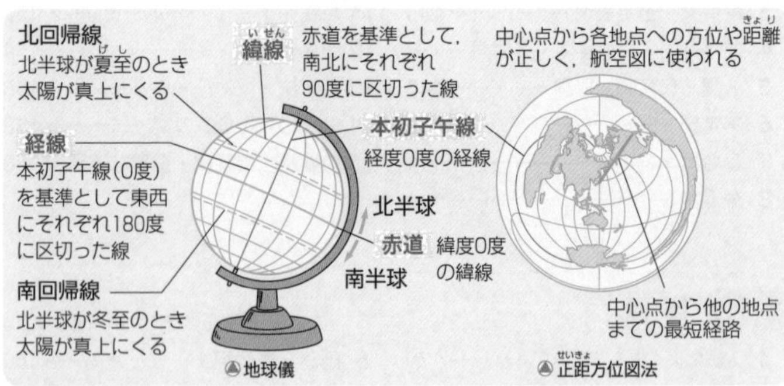

▲地球儀　▲正距方位図法

❶ **緯度と経度**…東京はおよそ東経140度，北緯36度というように表す。

❷ **六大陸と三大洋**…ユーラシア・アフリカ・北アメリカ・南アメリカ・オーストラリア・南極大陸。太平洋・大西洋・インド洋。

入試では　正距方位図法を使用して距離・方位を問う問題や，世界の都市と日本の時差を求める問題などが多い。

③ 日本の位置と範囲 ★★★

日本は南北に細長い島国（海洋国）で，**本州・四国・九州・北海道**と小さな島々からなる。面積は約**38万km²**。国の主権が及ぶ領域（領土・領海・領空）のうち，日本の領海は海岸線から12海里以内（1海里は約1852m）。その外側には，水産資源などを占有できる**排他的経済水域**（200海里以内）があり，その広さは国土面積の10倍以上にもなる。

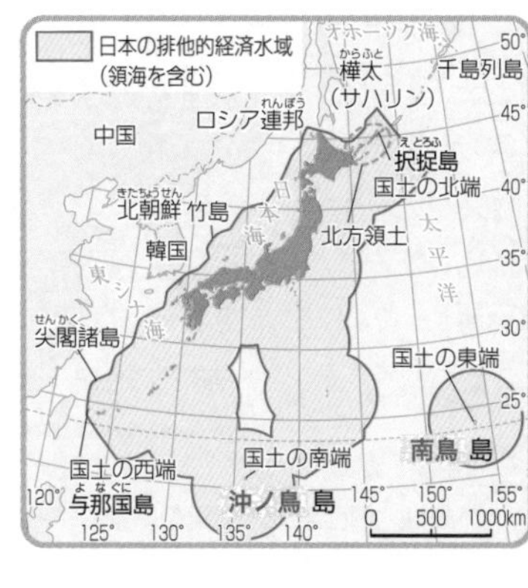

④ 時差と標準時 ★★

経度**15度**で1時間の時差。およそ180度の経線にそって**日付変更線**が設けられている。日本の標準時子午線は**東経135度**で，**兵庫県明石市**を通る。

⑤ 都道府県 ★

日本は**1都1道2府43県**に区分される。**都道府県庁所在地**の多くは都道府県名と同じ都市名だが，異なる都市名（例：愛知県名古屋市）もある。

過去問　〔長崎－改〕

右の地図のX国で，現地時間の7月31日午後11時のとき，日本時間は8月1日の午前5時であった。X国における標準時の基準となる経度を次から1つ選びなさい。

ア　東経45度　　イ　東経75度
ウ　西経45度　　エ　西経75度

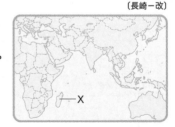

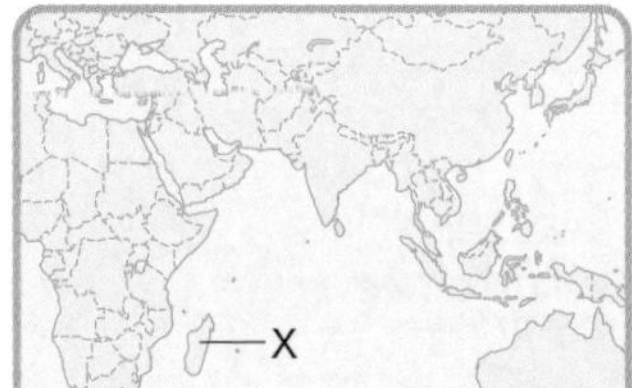

ア

月　日

2. 世界のさまざまな地域（1）

① 世界の気候と生活★★★

② 世界の宗教★★

ヒンドゥー教はおもにインドで信仰されているよ。

三大宗教	広がった地域	教典
キリスト教	ヨーロッパ，南北アメリカ，オセアニア	『聖書』
イスラム教	北アフリカ，西・中央・東南アジア	『コーラン』
仏教	東南・東アジア	『経』

③ アジア州★★★

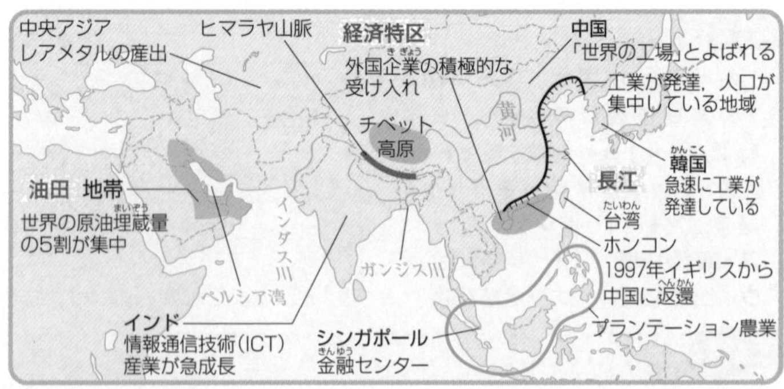

入試では　中国国内での格差や経済特区，インドの成長，ヨーロッパの農業の特色，EU域内の経済格差の問題がよく出題される。

part 1 社会　part 2 理科　part 3 数学　part 4 英語　part 5 国語

④ ヨーロッパ州 ★★

2020年にイギリスがEUから離脱したよ。

❶ 自然と気候…**北大西洋海流**と**偏西風**の影響で，高緯度のわりに温暖。

❷ ヨーロッパ連合(ＥＵ)…1993年発足。27か国が加盟(2021年３月現在)。加盟国の多くで共通通貨**ユーロ**を導入。ＥＵ域内の経済格差が課題。

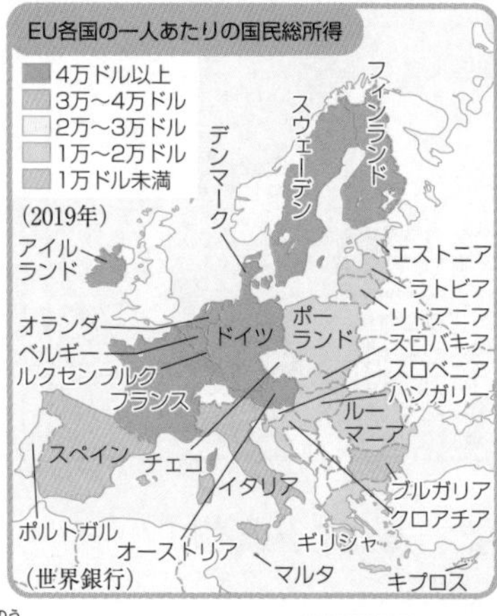

❸ ヨーロッパの農業…北部では**酪農**や園芸農業，中部では**混合農業**，南部では**地中海式農業**が盛ん。

❹ ヨーロッパの工業…ＥＵ各国による**航空機**などの共同開発・生産が行われている。また，人件費の安い東ヨーロッパへの工場移転が増えている。

❺ ロシア連邦…鉱産資源が豊富で，ヨーロッパとは，原油や天然ガスを送る**パイプライン**でつながっている。

過去問

〔千葉・長崎ー改〕

次の各問いに答えなさい。

(1)ヨーロッパ北部の沿岸部には，氷河によって削られた谷に海水が入りこんだ，奥行きのある湾が見られる。このような湾を何というか答えよ。

(2)EUに加盟するヨーロッパ諸国で，2002年から導入された共通通貨を何というか答えよ。

(1)**フィヨルド**　(2)**ユーロ**

月　日

3. 世界のさまざまな地域（2）

① アフリカ州★

モノカルチャー経済の国が多いよ。

❶ 自然と気候

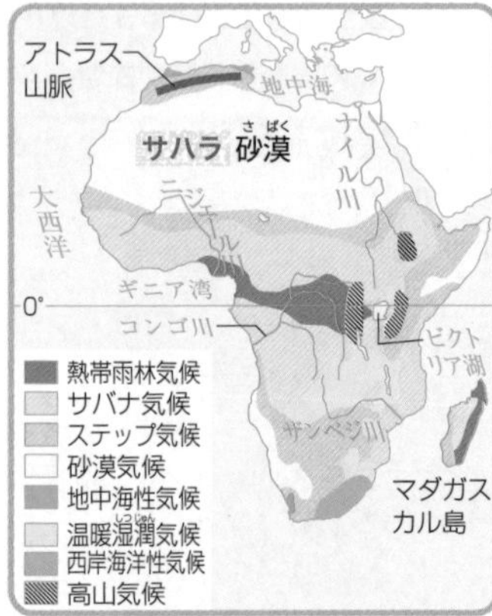

❷ 鉱産資源

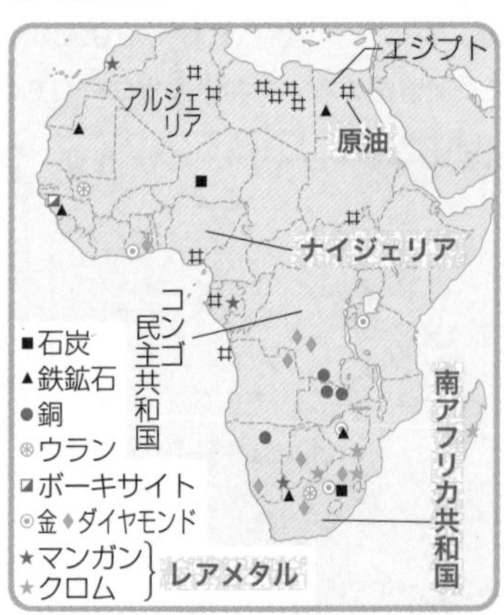

② 北アメリカ州★★★

アメリカ合衆国にはヒスパニックなど多くの移民がいるよ。

❶ 地形と農業地域

❷ 鉱産資源と工業地域

ここ重要

アメリカ合衆国は，**適地適作**の**企業**的な農業で大規模に農作物を栽培。「**世界の食料庫**」とよばれる。

入試では　世界の国々の中では，アメリカ合衆国の自然や産業・貿易についての問題がもっとも多く出題される。

③ 南アメリカ州の地形と産業 ★

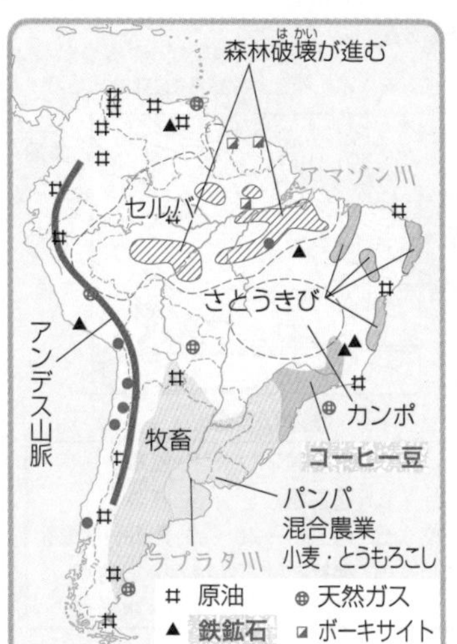

④ オーストラリアの産業 ★★

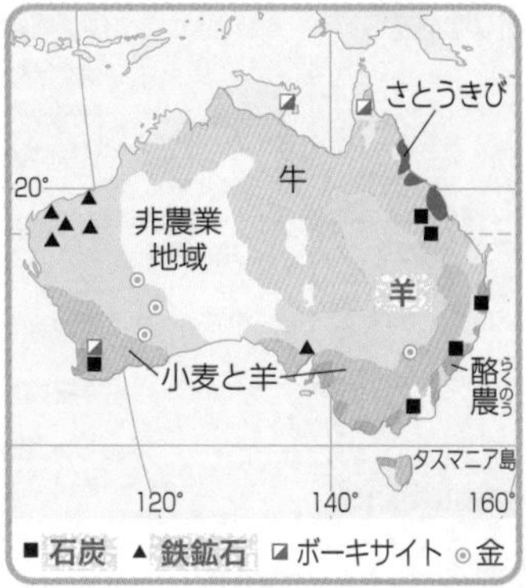

グレートアーテジアン(大鑽井)盆地では掘り抜き井戸を利用し放牧。鉱産資源も豊富で，鉄鉱石や石炭は日本へも多く輸出。

過去問　〔兵庫〕

北アメリカ州に関する次の各問いに答えなさい。

(1)北緯37度より南にある先端技術産業(ハイテク産業)などが発達した，アメリカ合衆国のカリフォルニア州からメキシコ湾岸にいたる地域を何というか。

(2)アメリカ合衆国が世界経済に大きな影響を与えていることを調べるために活用する資料としてもっとも適切なものを，次の**ア**～**エ**から１つ選び，記号で答えよ。

ア　貿易額　　**イ**　産業別人口割合

ウ　国土面積　　**エ**　食料自給率

(3)アメリカ合衆国，メキシコ，カナダの３か国が締結した，それまでのNAFTAに代わる新協定を，次の**ア**～**エ**から１つ選び，記号で答えよ。

ア　ASEAN　　**イ**　USMCA　　**ウ**　EU　　**エ**　APEC

(1)サンベルト　(2)ア　(3)イ

月　日

4. 地域調査, 日本の自然・人口

① 地形図の読み取り★★★

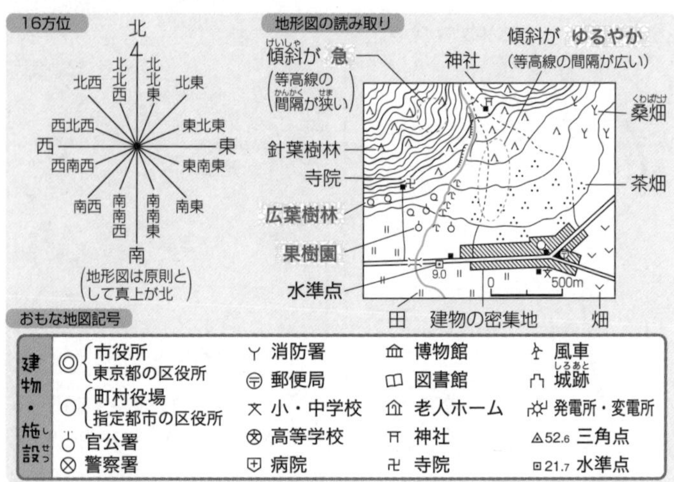

地形図上の長さから実際の距離を求めるときは，**地形図上の長さ×縮尺の分母＝実際の距離**で計算する。例えば，２万５千分の１地形図上で４cmの長さは，実際の距離は４cm×25000＝100000cm＝1000m＝１kmとなる。

② 世界の地形★★

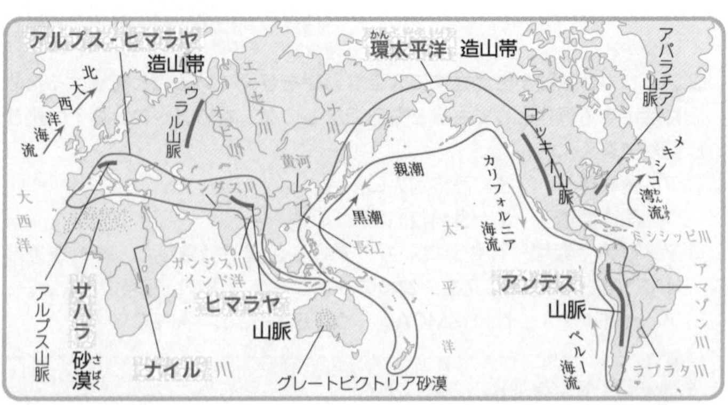

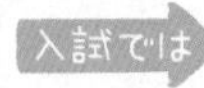

2つの造山帯は覚えておくべきことがら。日本の地形とよくおこる自然災害，少子高齢化についてよく出題される。

③ 日本の自然環境★★★

飛驒・木曽・赤石の3つの山脈は「日本アルプス」とよばれるよ。

❶ 日本の地形

❷ 日本の気候

ここ重要

日本も含まれる環太平洋造山帯とよばれる地域は，火山活動が活発で地震も多い。

④ 世界と日本の人口★★

❶ 世界の人口(2019年)…世界の総人口は**約77億人**。人口第１位は**中国**(14.4億人)，第２位は**インド**(13.8億人)。アジアやアフリカでは，**人口爆発**とよばれる急激な人口増加が進んでいる。

❷ 日本の人口(2019年)…日本の総人口は**約1.2億人**。**少子高齢化**が進んで人口は減少傾向にある。特に地方の農漁村や山間部では，**過疎化**が進んでいる。

〔和歌山〕

防災対策として市町村などでつくられている，地震や津波，洪水などの被害の及ぶ範囲を想定した地図を何というか答えなさい。

解答 ハザードマップ（防災マップ）

月　日

5. 日本の資源・エネルギー，産業

① 世界の資源・エネルギー★

原油はペルシア湾岸に多いよ。

世界のおもな鉱産資源

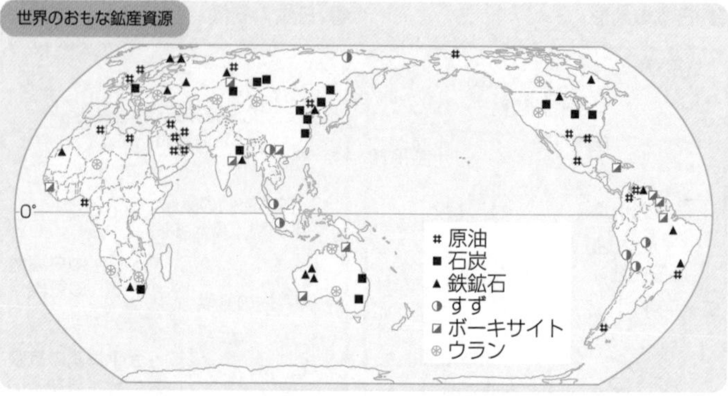

② 日本のエネルギー・電力★★

❶ おもな国の発電量の内訳

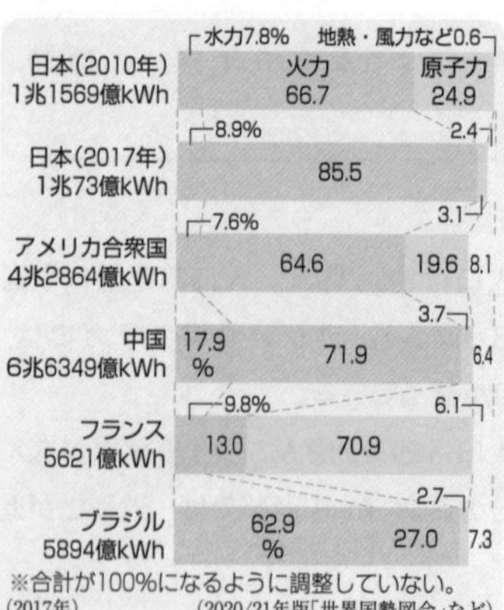

※合計が100%になるように調整していない。
(2017年)　(2020/21年版「世界国勢図会」など)

❷ 日本のおもな発電所の分布

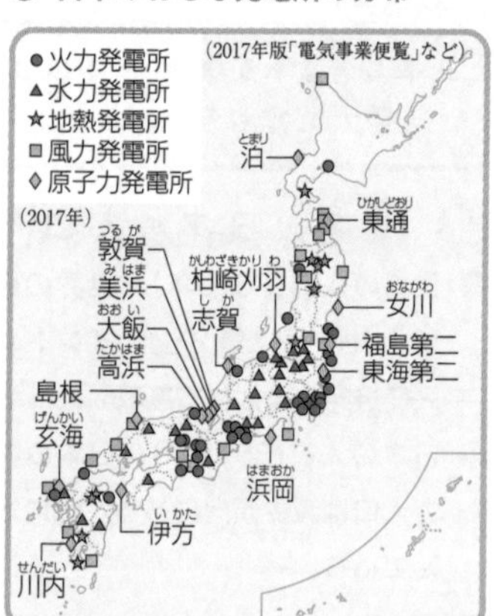

ここ重要

2011年におこった東日本大震災をきっかけに，日本の発電量に占める原子力発電の割合が大きく減少した。

入試では　世界の鉱産資源の分布，日本の農業地域，工業地帯・地域の特徴などがよく出題される。

③ 日本の農業・工業 ★★★

❶ 日本の農業・畜産業

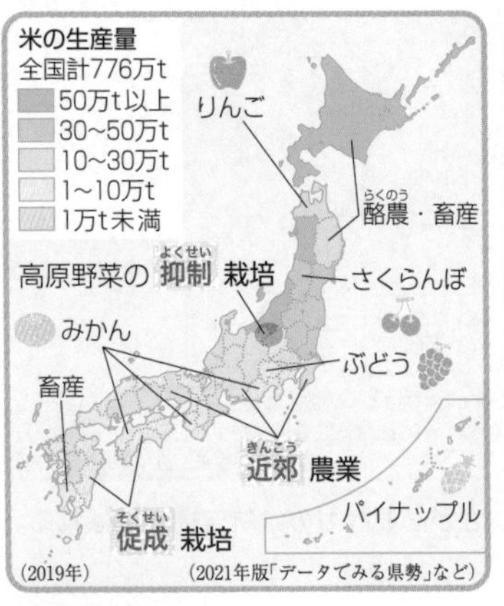

❷ 日本のおもな工業地帯・地域

ここ重要

高速交通網(空港・高速道路)の整備により，工業地帯・地域が臨海部から内陸部にまで広がった。

過去問　〔沖縄一改〕

日本の工業の特徴について述べた文として誤っているものを，次のア～エから1つ選び，記号で答えなさい。

ア　日本の工業は，原料や燃料を輸入して製品を輸出する加工貿易で発展してきた。
イ　阪神工業地帯では，臨海部の工場跡地に太陽光関連産業の工場やテーマパークなどがつくられた。
ウ　中京工業地帯では，愛知県の豊田市を中心に自動車関連工業が盛んである。
エ　京浜工業地帯は，日本の工業地帯の中で工業出荷額がもっとも低く，停滞している。

エ

part 1
社会

6．日本の交通・通信，日本の地域区分

月　日

① 世界と日本の結びつき ★★

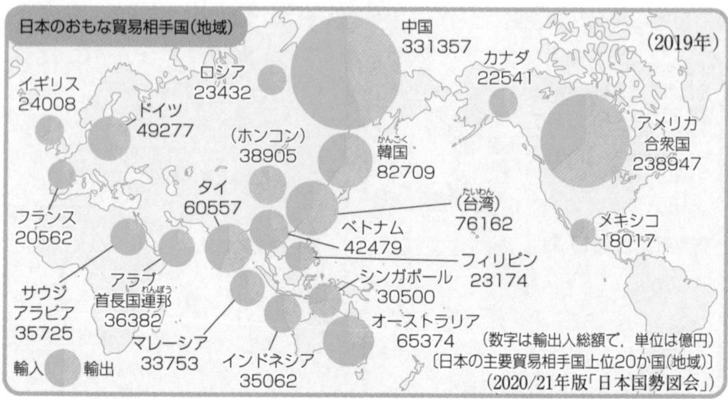

原油など重いものは船，軽くて新鮮さが必要なものは航空機で運ばれる。

② 日本の高速交通網 ★

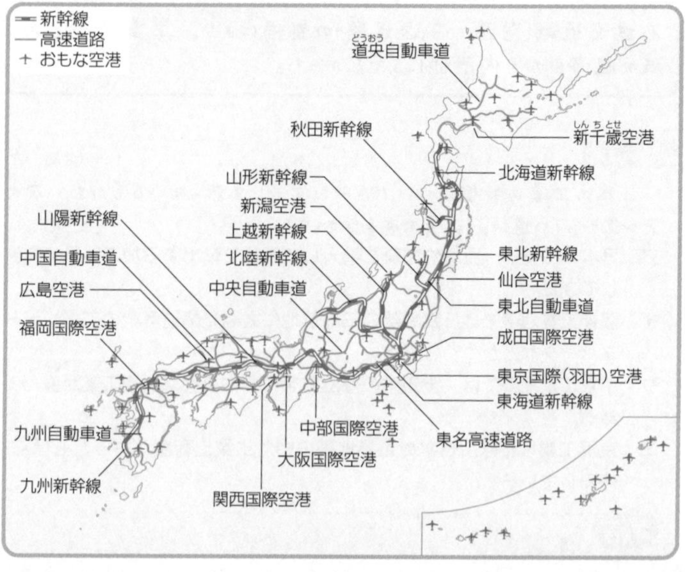

新幹線
高速道路
＋ おもな空港

道央自動車道
秋田新幹線
新千歳空港
山形新幹線
北海道新幹線
新潟空港
山陽新幹線
上越新幹線
東北新幹線
中国自動車道
北陸新幹線
仙台空港
広島空港
中央自動車道
東北自動車道
福岡国際空港
成田国際空港
東京国際(羽田)空港
東海道新幹線
九州自動車道
中部国際空港
東名高速道路
大阪国際空港
九州新幹線
関西国際空港

入試では　日本のおもな貿易相手国とその品目に関する出題，日本の7地方区分とその中の地域を尋ねる出題が多い。

③ 通信の発達と情報社会 ★

❶ **情報通信技術(ICT)の発達**…携帯電話やパソコンなどの情報通信機器が普及。**インターネット**による通信は，電子メールなど国境を越えて世界各地との情報交換を可能とした(**情報社会**)。

❷ **情報社会の課題**…インターネットを利用できる人とできない人との間で生じる**情報格差(デジタルデバイド)**の問題。インターネット上でのトラブル，**個人情報**の取り扱いや著作権侵害など。

④ 日本の地域区分 ★★

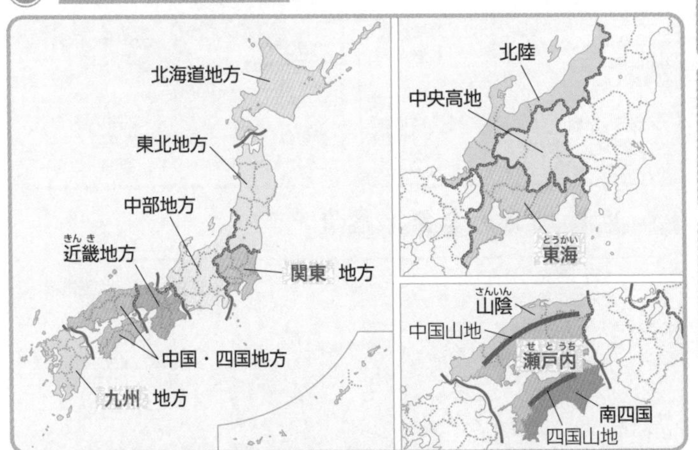

地方区分のほかにも，自然環境，人口，産業，交通網など，さまざまな主題を元にして地域区分を行うことができる。

過去問　〔佐賀・山口－改〕

次の各問いに答えなさい。

(1)アジア各地では，航空路が放射状にのび，国際線の乗り換え拠点となる空港の整備が進んでいる。このような空港を何というか答えよ。

(2)日本を7地方に区分したとき，名古屋市が属している地方名を何というか答えよ。

(1)ハブ空港　(2)中部地方

月　日

7. 日本の諸地域（1）

① 九州地方の自然と産業 ★★

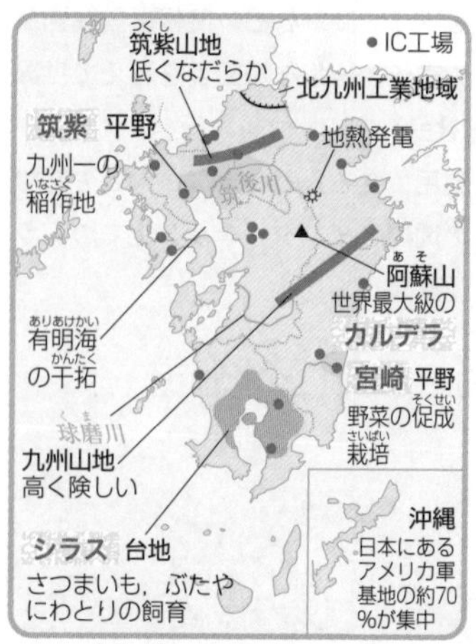

② 中国・四国地方の自然と産業 ★★

③ 近畿地方の自然と産業 ★★★

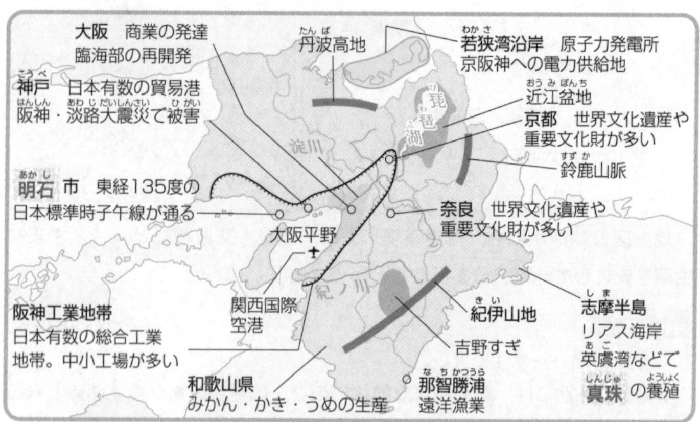

ここ注意！

野菜の促成栽培は高知・宮崎，みかんは愛媛・和歌山。食料品の割合が高い北九州，中小工場の割合が高い阪神工業地帯。

入試では 西日本における日本海側・瀬戸内地方・太平洋側の気候の違い，豊田・北九州・四日市市などの工業都市に関する問題が多い。

④ 中部地方の自然と産業★★★

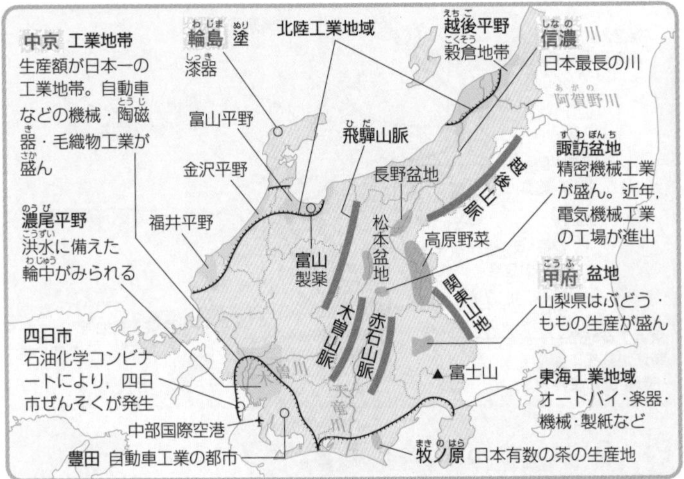

過去問 〔東京学芸大附高ー改〕

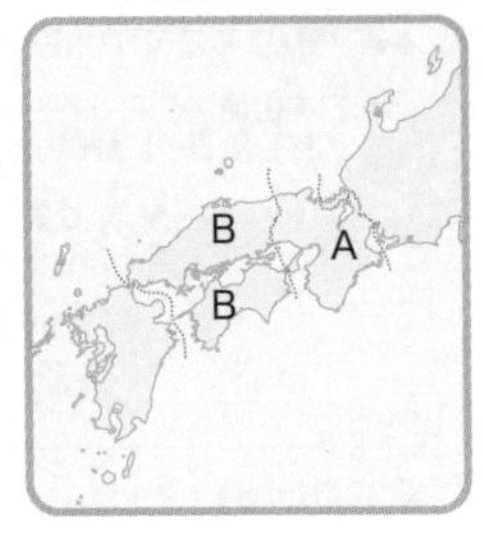

地図中のA・Bの地域について述べた各文章中の下線部で誤っているものの数を答えなさい。

A この地域には，大阪府・京都府と4つの県がある。日本一広い琵琶湖があり，そこから流れ出す河川が若狭湾に注ぐ。西経135度の経線が通過し，これが日本標準時子午線となっている。紀伊半島最南端は本州の最南端でもある。大阪府は金属工業の製品出荷額が全国有数で，京都府は西陣織などの伝統産業が盛んである。

B この地域には，中国地方に5つの県，四国地方に4つの県がある。両地方の間の瀬戸内海に面した広島市は，この地域で唯一の100万人以上の人口を有する都市である。この地域では山間部を中心に過疎化が進んでいる。広島県の瀬戸内海ではかきなどを育てる遠洋漁業が盛んで，高知県では温暖な気候を利用して野菜などの促成栽培が行われている。

A－3 B－1

月　日

8. 日本の諸地域（2）

① 関東地方の自然と産業★★★

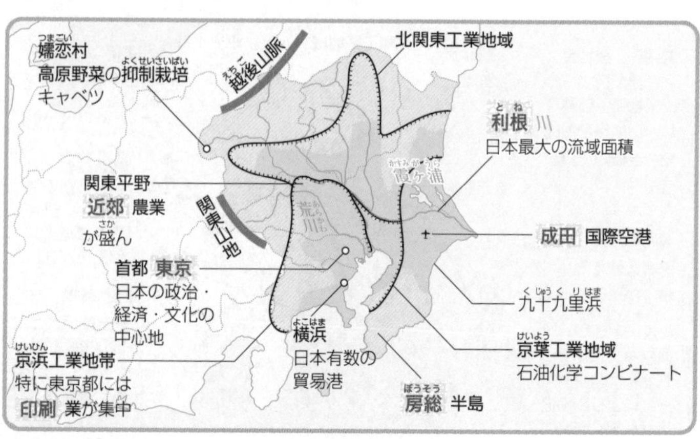

② 東北地方の自然と産業★★

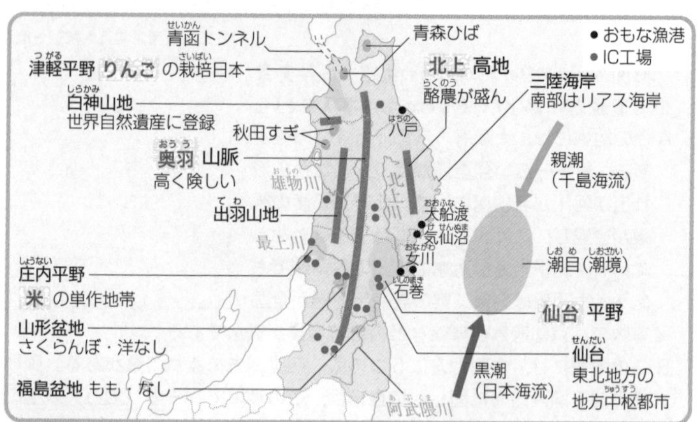

ここ重要

関東地方の人口は日本の3分の1を占める。東北地方の太平洋側には潮目（潮境）があり，多くの魚が集まる好漁場となっている。

北海道・東北・関東地方のそれぞれの農業の特色や京浜・京葉・北関東などの工業地帯・地域の特色がよく出る。

③ 北海道地方の自然と産業★★

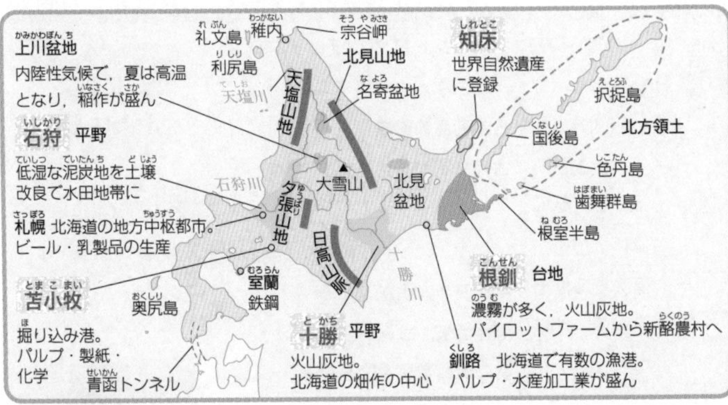

ここ注意！

石狩平野では**稲作**，十勝平野では**畑作**，根釧台地では**酪農**が盛んに行われている。

過去問 〔兵庫・長崎〕

次の各問いに答えなさい。

(1)関東地方の農業の特色について述べた文として適切なものを，次の**ア**～**エ**から１つ選び，記号で答えよ。

ア 人口の多い消費地への近さを利用して，鮮度の高い野菜などを出荷している。

イ 地方別の一戸あたりの耕地面積が国内最大で，機械化を進めた経営が行われている。

ウ 火山灰が積もってできたシラスに覆われた台地で，畑作が中心に行われている。

エ 夏から秋に農業用水が不足するため，ため池を利用した農業が盛んに行われている。

(2)東北地方では，おもに太平洋側で夏に冷たい北東の風が吹くことで，低温や日照不足となり冷害がおこることがある。この風を何というか答えよ。

(1)ア (2)やませ

歴史

9. 文明のおこりと日本の成り立ち

年号も覚えねば!

時代	中国	年代	おもなできごと・文化
旧石器時代		700~600万年前	サヘラントロプス-チャデンシス → 北京原人→クロマニョン人
		1万年前	日本列島の形成
縄文時代		前3000~	古代文明が発生 { メソポタミア・エジプト・インダス・中国
	殷	前1600	
	周		
	春秋	前5世紀ごろ	ギリシャ文明が栄える
	戦国	前4世紀ごろ	**稲作**伝来，金属器使用(日本)
弥生時代	秦	前221	秦の始皇帝が中国を統一
	前漢	前27	ローマ帝国の成立
	新		紀元後，**キリスト教**の成立
	後漢	57	倭の奴国が後漢に使いを送る
	三国	239	卑弥呼が魏に使いを送る

旧石器文化
岩宿遺跡
打製石器

縄文文化
縄文土器，磨製石器，たて穴住居，貝塚，土偶

弥生文化
弥生土器，鉄器，青銅器(銅剣・銅矛・銅鐸・銅鏡)，高床倉庫

① 古代文明の栄えた地域 ★★

メソポタミア 文明
(ギリシャ文明)
アテネ
クロマニョン人
ローマ
ティグリス川
ユーフラテス川
ナイル川
エジプト文明
サヘラントロプス-チャデンシス
インダス川
インダス文明
黄河
長江
北京原人
中国文明
ジャワ原人

② おもな遺跡 ★★

ここ重要

古代文明は温暖で土地がよく肥え，農業に適した大河の流域に発生。

入試では　縄文時代や弥生時代の遺物の写真を示して，それぞれの遺物の名称や各時代の特徴を問う問題が多い。

③ 縄文時代と弥生時代の比較 ★★

	縄文時代	弥生時代
時期	約1万2000年前～前4世紀ごろ	前4世紀ごろ～3世紀ごろ
道具	土器・石器・木器・骨角器	土器・木器・石器・金属器
生産	狩猟・採集	農耕(稲作)
社会	身分・貧富の差，階級の別がない	身分の上下・貧富の差が発生

④ 縄文時代の遺物 ★★

①縄文土器

②土偶

⑤ 弥生時代の遺物 ★★

③弥生土器

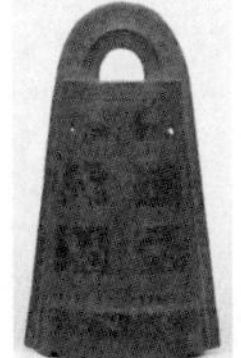

④銅鐸

ここ重要

②を埴輪と答えないように。埴輪は古墳時代の素焼きの土器。

過去問　〔三重・島根・石川－改〕

次の各問いに答えなさい。

(1)黄河流域におこり，甲骨文字がつくられた国の名称として正しいものを，次のア～エから1つ選び，記号で答えよ。

ア 殷　**イ** 秦　**ウ** 漢　**エ** 隋

(2)島根県内にある遺跡の名称と，その遺跡から出土した青銅器の名称の組み合わせとして正しいものを，次のア～エから1つ選び，記号で答えよ。

ア 岩宿遺跡，銅鐸　**イ** 三内丸山遺跡，銅鐸

ウ 荒神谷遺跡，銅剣　**エ** 吉野ヶ里遺跡，銅剣

(3)弥生時代の遺跡からは銅鐸のほか，銅剣や銅矛などの青銅器が発見されている。これらの青銅器は武器以外に共通して何に使われたのか答えよ。

解答　(1)ア　(2)ウ　(3)祭りの道具(祭りの宝物)

月　日

10. 古代国家のあゆみ

年号も覚えねば！

時代	中国	年代	おもなできごと・文化
古墳時代	南北朝	5世紀ごろ	**大和政権**の統一が進む
	隋	593	**聖徳太子**(厩戸皇子)が摂政となる
		603	冠位十二階，**十七条の憲法**(604)
飛鳥時代	唐	645	中大兄皇子らによる**大化の改新**
		672	**壬申の乱**→天武天皇の新政治
		701	**大宝律令**の制定
奈良時代		710	**平城京**に都を移す
		743	墾田永年私財法を出す
平安時代		794	平安京に都を移す(桓武天皇)
	宋(北宋)	1016	**藤原道長**が摂政になる
		1086	白河上皇が**院政**を始める
		1167	**平清盛**が太政大臣になる

飛鳥文化
法隆寺

天平文化
東大寺，大仏
『古事記』『万葉集』
『日本書紀』

国風文化
遣唐使の停止により発達
かな文字
『源氏物語』『枕草子』
平等院鳳凰堂

① よく出る古代の資料★★★

大阪府堺市にある**大仙(仁徳陵)古墳**。

古墳に並べられた**埴輪**。

聖徳太子が建てた**法隆寺**。

失明しながらも来日した**鑑真**。

聖武天皇の遺品などが収蔵された東大寺**正倉院**。

正倉院の**五絃琵琶**。

藤原頼通が京都の宇治に建てた**平等院鳳凰堂**。

入試では　聖徳太子の政治，律令政治，摂関政治の内容を問う問題が多い。また，それぞれのころの文化についても頻出。

② 聖徳太子の政治から大化の改新へ ★★★

氏姓制度の乱れ → 593年 → 聖徳太子，推古天皇の摂政に　天皇中心の中央集権国家を目ざす

蘇我氏と物部氏が対立

- 冠位十二階（広く人材を登用），
- **十七条の憲法**（役人の心得），
- **遣隋使** の派遣－小野妹子，**仏教** の奨励

聖徳太子の事業は未完成に終わり → **大化の改新へ**

③ 律令による役所のしくみ ★

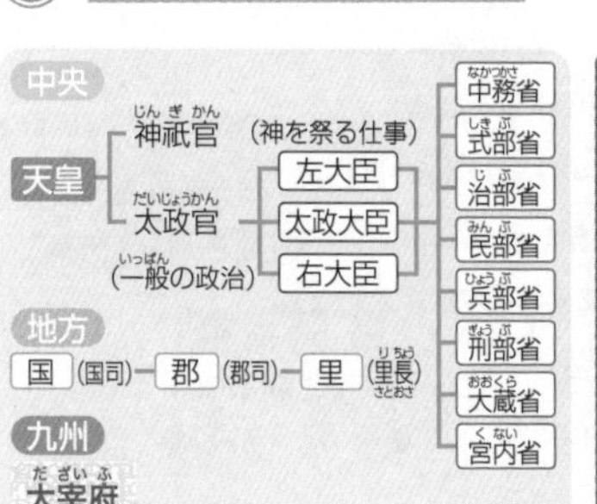

④ 律令制による農民の負担 ★★

税	租	稲（収穫量の約3%）
	調	地方の特産物・絹など
	庸	麻の布など（労役のかわり）
兵役・労役	雑徭	地方での労役（年間60日以内）
	兵士	諸国の軍団で兵士として訓練
	衛士	都の警備（1年間）
	防人	北九州の警備（3年間）

⑤ 摂関政治と武士のおこり ★★

藤原氏の摂関政治
- 摂政（866）良房
- 関白（887）基経
- 最盛期＜道長・頼通

武士のおこり
- 地方政治の乱れ
- 国司の不正
- 有力農民の武装
- 地方の豪族・棟梁＜源氏・平氏
- 平将門の乱
- 藤原純友の乱
- 前九年合戦
- 後三年合戦
- 保元の乱
- 平治の乱
- 平氏の全盛

過去問　〔沖縄－改〕

聖徳太子の政策として誤っているものを，次から1つ選びなさい。

ア　十七条の憲法の制定　　イ　遣隋使の派遣
ウ　冠位十二階の制定　　エ　貨幣の発行

解答　エ

月　日

11. 武家政治の成立と展開

年号も覚えねば!

時代	中国	年代	おもなできごと・文化
鎌倉時代	宋(南宋)・金	1192	源　頼朝が征夷大将軍となる
		1203	北条氏の執権政治が始まる
		1221	承久の乱がおこる
		1232	御成敗式目(貞永式目)の制定
	元	1274	文永の役・弘安の役(1281)…元寇
		1297	永仁の徳政令
		1333	鎌倉幕府の滅亡→建武の新政(1334)
南北朝時代		1338	足利尊氏が征夷大将軍となる
			このころ，倭寇の活動が盛んになる
室町時代	明	1392	足利義満が南北朝を統一
		1404	日明貿易(勘合貿易)が始まる
		1467	応仁の乱が始まる(～77)
戦国時代			↓ 下剋上の風潮

鎌倉文化
鎌倉新仏教
東大寺南大門
金剛力士像
『平家物語』
『新古今和歌集』
『徒然草』

北山文化
金閣(足利義満)
能(観阿弥・世阿弥)

東山文化
銀閣(足利義政)
書院造，水墨画

① 鎌倉幕府★★★

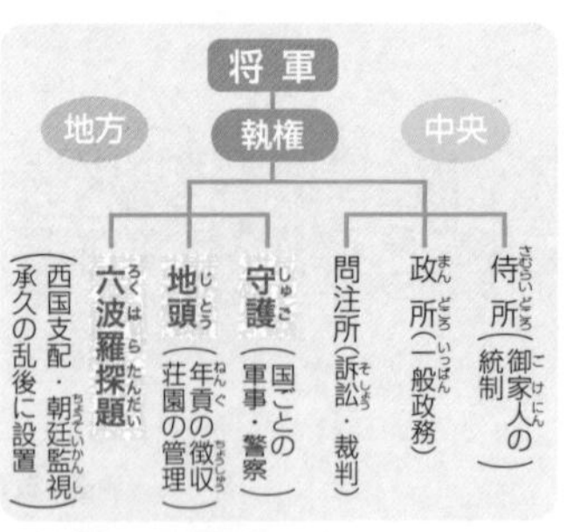

② 室町幕府★★

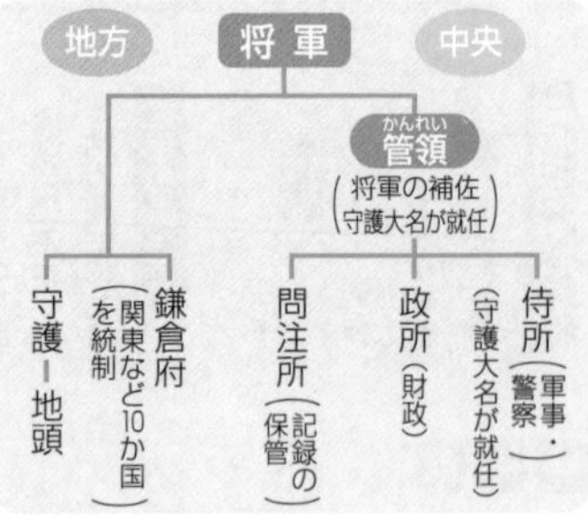

ここ注意!

執権…鎌倉幕府で将軍を補佐した役職。
管領…室町幕府で将軍を補佐した役職。

鎌倉(かまくら)時代は金剛(こんごう)力士像(東大寺南大門)の写真と元寇(げんこう)の絵，室町(むろまち)時代は勘合(かんごう)貿易，応仁(おうにん)の乱→下剋上(げこくじょう)の風潮の問題がよく出る。

③ 主従関係 ★★★

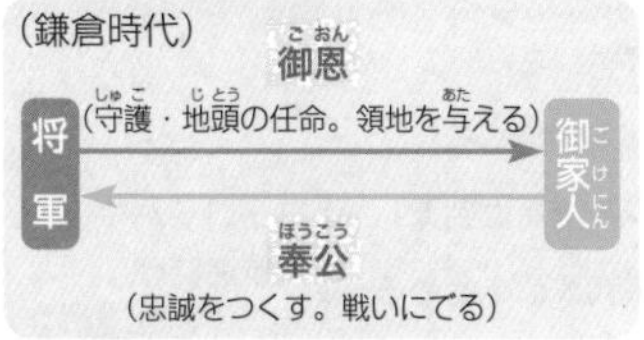

④ 日明貿易(勘合貿易) ★★★

日本からの貿易船は，文字の左半分がある書類をもち，明(みん)の原簿(げんぼ)にある右半分の文字と照合した。

⑤ 鎌倉新仏教 ★★

宗派	浄土(じょうど)宗	浄土真宗	時(じ)宗	日蓮(にちれん)宗	禅(ぜん)宗	
					臨済(りんざい)宗	曹洞(そうとう)宗
開祖	法然(ほうねん)	親鸞(しんらん)	一遍(いっぺん)	日蓮	栄西(ようさい)	道元(どうげん)
特徴(とくちょう)	南無阿弥陀仏(なむあみだぶつ)という念仏を唱えれば極楽浄土(ごくらくじょうど)に往生できる			南無妙法蓮華経(なむみょうほうれんげきょう)という題目を唱えれば救われる	座禅を組んで自ら悟(さと)りをひらく	

⑥ 鎌倉文化 ★★★

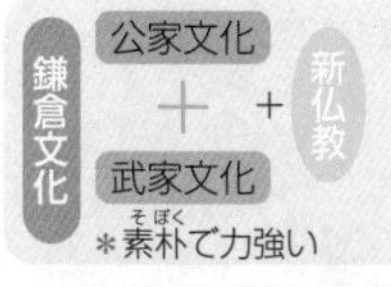

＋ 新仏教

・武士の気風
↓
金剛力士像
『平家(へいけ)物語』
・民衆に広まる

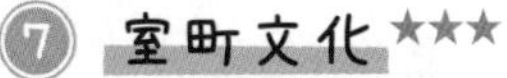

⑦ 室町文化 ★★★

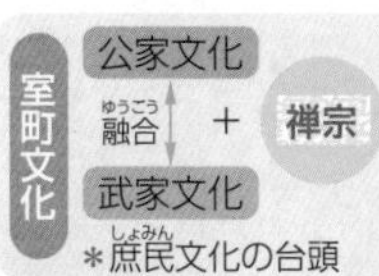

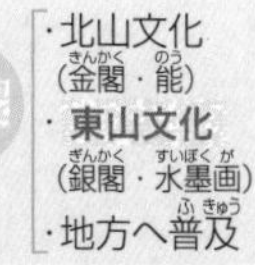

「蒙古襲来絵詞(もうこしゅうらいえことば)」

金剛力士像

銀　閣

書院造

〔大阪〕

15世紀初め，足利義満(あしかがよしみつ)によって勘合貿易が開始されたが，このとき日本と貿易を行った中国の王朝名を，次のア～エから1つ選びなさい。

ア 元　イ 秦　ウ 宋　エ 明

解答 エ

月　日

12. ヨーロッパの動きと全国統一

年号も覚えねば！

時代	中国	年代	おもなできごと・文化
室町時代	元	11~13世紀	ローマ教皇が十字軍を送る
		14世紀	イタリアでルネサンスが始まる
	明	1492	コロンブスが西インド諸島に到達(とうたつ)
		1517	ルターがドイツで**宗教改革**を始める
戦国時代		1534	イエズス会結成
		1543	ポルトガル人が**種子島**(たねがしま)に漂着(ひょうちゃく)し鉄砲(てっぽう)が伝わる
		1549	**フランシスコ=ザビエル**が**キリスト教**を伝える
安土桃山時代		1573	織田信長(おだのぶなが)が室町(むろまち)幕府を滅(ほろ)ぼす
		1577	織田信長が楽市(らくいち)・楽座(らくざ)の政策を行う
		1582	**太閤検地**(たいこうけんち)が始まる，**刀狩**(かたながり)(1588)→**兵農分離**(ぶんり)が進む
		1590	豊臣秀吉(とよとみひでよし)が全国を統一する

1492～1517：ヨーロッパで大航海時代

大航海時代に発達した技術
火薬
羅針盤(らしんばん)
活版印刷

① 大航海時代★★

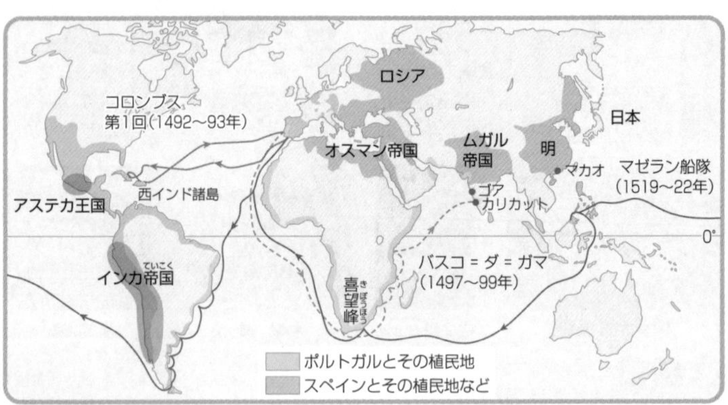

ここ重要

ヨーロッパの国々は，キリスト教を広めるため，また，アジアの香辛料(こうしんりょう)を安く手に入れるため，新航路の開拓(かいたく)に乗り出した。

入試では　大航海時代の3人の航路や宗教改革，長篠の戦い，楽市・楽座，太閤検地，刀狩がよく出題される。

② 長篠の戦い ★★★

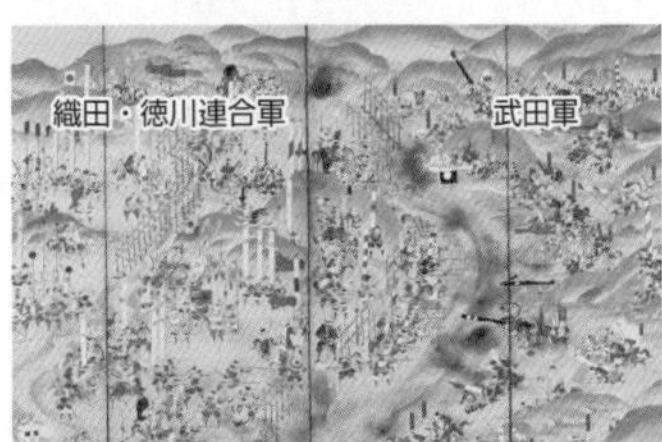

③ 兵農分離 ★★★

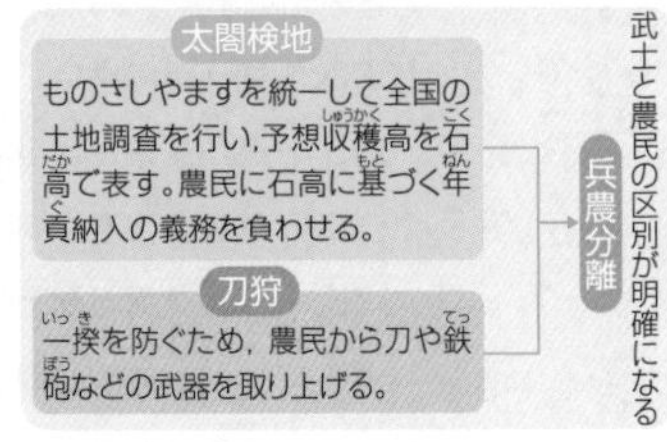

太閤検地
ものさしやますを統一して全国の土地調査を行い，予想収穫高を石高で表す。農民に石高に基づく年貢納入の義務を負わせる。
刀狩
一揆を防ぐため，農民から刀や鉄砲などの武器を取り上げる。
兵農分離
武士と農民の区別が明確になる

ここ重要

信長は長篠の戦いで鉄砲を有効に用い，武田の騎馬隊を破る。

④ 桃山文化 ★

白鷺城ともいわれる，世界文化遺産に登録されている姫路城。

狩野永徳の代表作の1つである「唐獅子図屏風」。

過去問　　（埼玉）

次の問いに答えなさい。

記述　右の資料は，織田・徳川の連合軍と武田軍の戦いを描いた「長篠合戦図屏風」の一部である。これを見て，織田信長が他の大名に先駆けてとり入れた戦い方について，簡単に説明せよ。

解答　例大量の鉄砲を有効に使った戦い方。

月　日

13. 江戸幕府の成立と諸改革

年号も覚えねば！

時代	中国	年代	おもなできごと・文化
安土桃山		1600	関ヶ原(せきがはら)の戦い
江戸時代	明	1603	徳川家康(とくがわいえやす)が征夷大将軍(せいいたいしょうぐん)となる
		1615	武家諸法度(ぶけしょはっと)の制度
		1635	参勤交代が制度化される
		1641	鎖国(さこく)の体制が固まる
	清	1716	享保(きょうほう)の改革(徳川吉宗(よしむね)，～45)
		1772	田沼意次(たぬまおきつぐ)が老中(ろうじゅう)となる
		1787	寛政(かんせい)の改革(松平定信(まつだいらさだのぶ)，～93)
		1841	天保(てんぽう)の改革(水野忠邦(みずのただくに)，～43)

元禄(げんろく)文化
俳諧(はいかい)(松尾芭蕉(まつおばしょう))
浮世草子(うきよぞうし)(井原西鶴(いはらさいかく))
浄瑠璃(じょうるり)の脚本(きゃくほん)(近松門左衛門(ちかまつもんざえもん))

化政(かせい)文化
浮世絵(錦絵(にしきえ))〔葛飾北斎(かつしかほくさい)，歌川広重(うたがわひろしげ)〕

① おもな大名の配置 ★★

② 江戸幕府のしくみ ★★

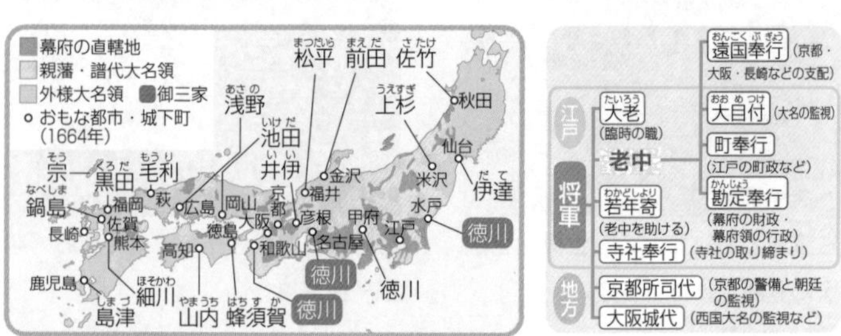

③ 鎖国下の窓口 ★★

④ 三都の繁栄(はんえい)と交通 ★★

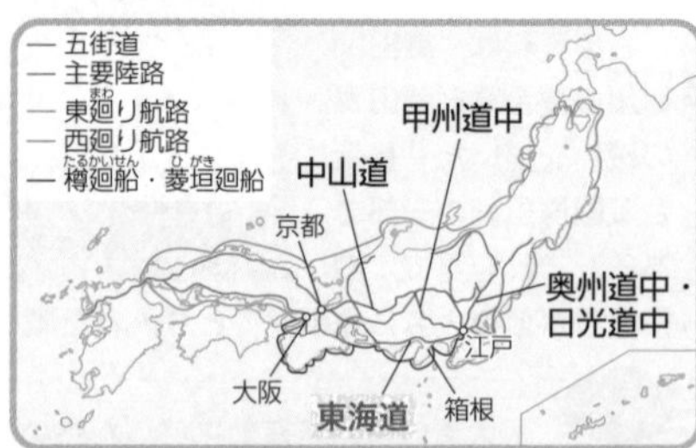

出島の絵と鎖国についてや，享保の改革・寛政の改革・天保の改革がよく出題される。

5 三大改革の内容★★★

8代将軍徳川吉宗	享保の改革	老中松平定信	寛政の改革	老中水野忠邦	天保の改革
	上げ米の制 公事方御定書 目安箱の設置 新田開発		米の備蓄 旗本・御家人の借金帳消し 朱子学を正学とする (昌平坂学問所)		株仲間の解散 農民の出稼ぎ禁止 江戸・大阪周辺地の幕府直轄領化

6 元禄文化★★

文化	元禄文化（上方中心）
文学	近松門左衛門(浄瑠璃の脚本) 井原西鶴(浮世草子) 松尾芭蕉(俳諧)
美術	尾形光琳(装飾画) 菱川師宣(浮世絵)

▲「見返り美人図」(菱川師宣)

▲「風神雷神図屏風」(俵屋宗達)

7 化政文化★★

文化	化政文化（江戸中心）
文学	十返舎一九，曲亭(滝沢)馬琴 小林一茶(俳諧)
美術	喜多川歌麿 葛飾北斎 歌川広重 } 浮世絵(錦絵)

▲「富嶽三十六景」(葛飾北斎)

▲役者絵(東洲斎写楽)

過去問 〔兵庫〕

次の各問いに答えなさい。

(1)江戸幕府が日本人の海外渡航を禁止し，外国との交際を制限したあとも，貿易が許されたオランダや中国の船が来航していた港の名称を答えよ。

(2)将軍の代がわりなどに朝鮮から派遣された使節団を何というか。

(1)長崎　(2)朝鮮通信使(通信使)

part1 社会

月　日

14. 欧米の近代化と江戸幕府の滅亡

年号も覚えねば!

時代	中国	年代	おもなできごと・文化
江戸時代	清	1642	ピューリタン革命がおこる(イギリス，～49)
		1688	**名誉革命**がおこる(イギリス)→権利章典(1689)
		18世紀	イギリスから**産業革命**が始まる
		1775	アメリカ独立戦争(～83)→独立宣言(1776)
		1789	**フランス革命**がおこる→人権宣言
		1804	ナポレオンが皇帝になる
		1825	異国船打払令が出される
		1840	アヘン**戦争**がおこる(清対イギリス，～42)
		1853	ペリーが浦賀に来る
		1854	**日米和親条約**が結ばれる
		1858	**日米修好通商条約**が結ばれる
		1860	桜田門外の変(大老井伊直弼暗殺)
		1861	アメリカで南北戦争がおこる(～65)
		1867	**大政奉還**→王政復古の大号令

啓蒙思想家
ロック(英)
モンテスキュー(仏)
ルソー(仏)

① 市民革命★★

国王が絶対的な権力をもつ**絶対王政**に対して，市民が自由と平等を求めておこした運動を**市民革命**という。

ピューリタン革命(1642～49年)	名誉革命(1688～89年)	アメリカ独立戦争(1775～83年)	フランス革命(1789年)
クロムウェルを中心とする議会派が国王を倒し，共和政へ。その後，再び王政に戻る。	議会を無視した国王を追放し，新しく迎えた議会を尊重する王に権利章典を認めさせる。	イギリスから独立。独立宣言。合衆国憲法が定められ，ワシントンが初代大統領に就任。	バスチーユ牢獄の襲撃がきっかけ。自由と平等をうたった人権宣言が出され，国王は処刑。

フランス革命(1789年)
アヘン戦争(1840～42年)

松平定信の寛政の改革(1787～93年)
水野忠邦の天保の改革(1841～43年)

入試では 世界と日本の同じ時期のできごとを選ぶ問題や，幕末に結んだ条約についての内容や開港された場所を問う問題がよく出される。

② 外国船の来航 ★

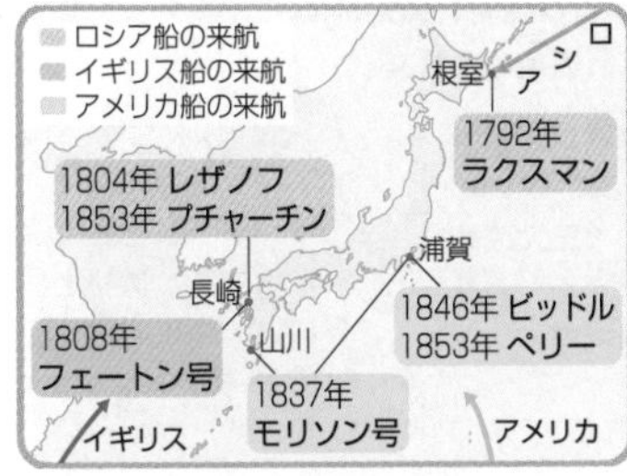

③ 日本の開港 ★★

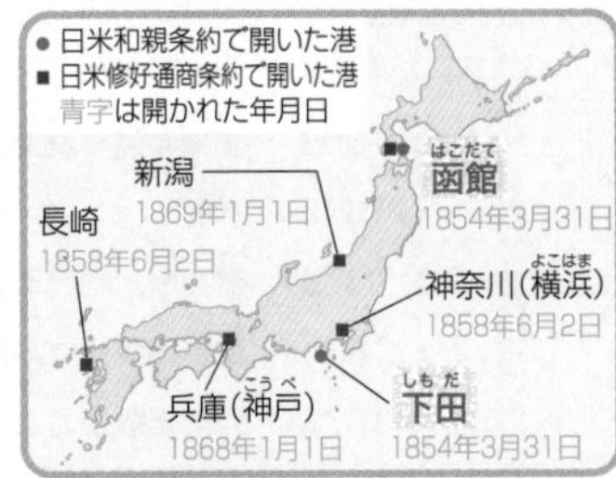

④ 日米修好通商条約 ★★★

第4条　すべて日本に対して輸出入する商品は別に定めるとおり，日本政府へ関税を納めること。
→関税自主権がない。

第6条　日本人に対して法を犯したアメリカ人は，アメリカ領事裁判所において取り調べのうえ，アメリカの法律によって罰すること。
→領事裁判権を認める。

⑤ 攘夷から倒幕へ ★★

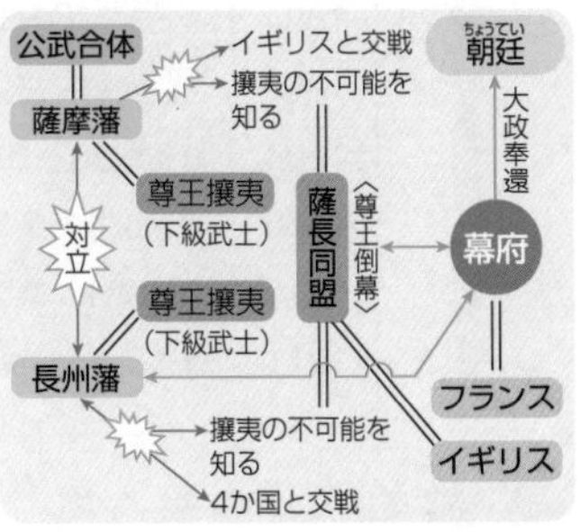

過去問

〔静岡－改〕

次の各問いに答えなさい。

(1)ペリーが浦賀に来航した翌年，日本はアメリカと条約を結んだ。この条約で開かれることになった港を，右の地図中の**ア**～**オ**から２つ選べ。

(2)ペリーが浦賀に来航した時期におこったできごとではないものを，次の**ア**～**ウ**から１つ選べ。

ア　イギリスの東インド会社に雇われていたインド兵士の反乱をきっかけに，インドの大反乱がおこった。

イ　清政府が農民に重税を課したため，太平天国による反乱が広がった。

ウ　フランスで，パリを中心とする都市の民衆や農民らが革命をおこした。

ア
イ
オ
ウ
エ

(1)**ア**・**エ**　(2)**ウ**

月　日

15. 近代日本の成立と発展

時代	中国	年代	おもなできごと・文化
明治時代	清	1868	戊辰戦争(～69)，**五箇条の御誓文**
		1869	**版籍奉還→廃藩置県**(1871)
		1872	学制（三大改革）
		1873	**徴兵令**，**地租改正**（三大改革）
		1874	民撰議院設立の建白書
		1877	**西南戦争**がおこる
		1881	自由党の結成(1882，立憲改進党の結成)
		1889	大日本帝国**憲法**の発布
		1894	条約改正(領事裁判権の撤廃)，**日清戦争**(～95)
		1895	**下関条約→三国干渉**(露・仏・独)
		1904	**日露戦争**(～05)
		1905	**ポーツマス条約**
		1910	大逆事件，**韓国併合**
		1911	条約改正(関税自主権の回復)，辛亥革命

文明開化
福沢諭吉
太陽暦，七曜制
鉄道(新橋～横浜)
学制(小学校教育)
郵便制度

近代の科学・文化
北里柴三郎(医学)
夏目漱石(文学)
黒田清輝(絵画)

① 地租改正の前と後 ★★

	前	後
税の種類	年貢	地租
基準	収穫高や地方により一定せず	地価の3%(のちに2.5%)
納税方法	米で納める	現金で納める
政府の収入	毎年違いがでる	毎年一定した財源収入を確保

② 国境の確定 ★★

ここ重要

明治政府は富国強兵を進めるため，税制改革である地租改正，産業を育てる殖産興業，軍隊をつくる徴兵制を行った。

地租(ちそ)改正，自由民権運動から大日本帝国(ていこく)憲法制定までの過程，日露(にちろ)戦争のときの国際関係がよく出題される。

③ 立憲政治への動き ★★★

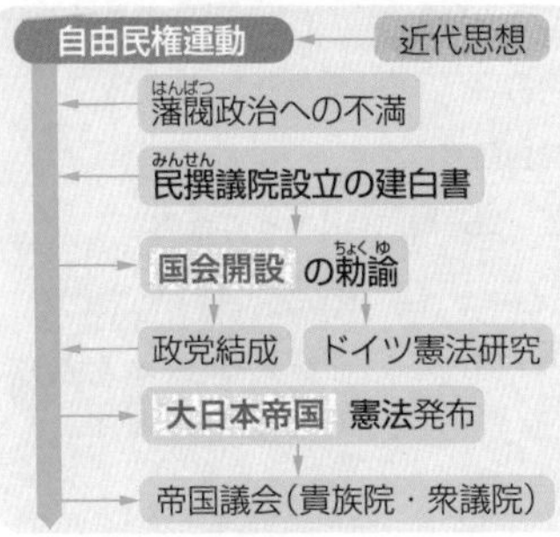

④ 大日本帝国憲法のしくみ ★★

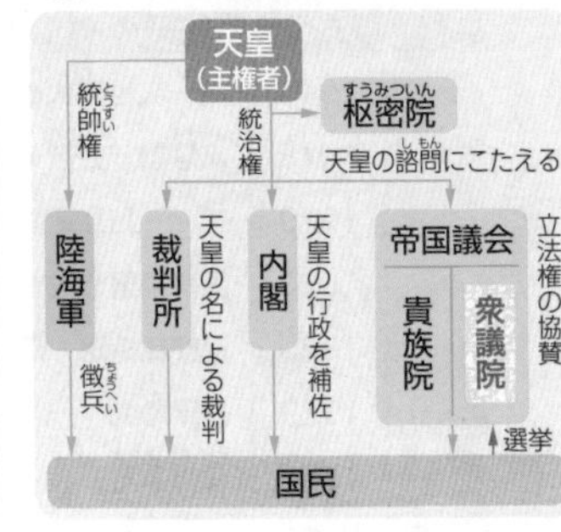

⑤ 日清(にっしん)戦争 ★★

⑥ 日露戦争 ★★

過去問　〔沖縄〕

記述 右の資料は，地租改正により政府から土地の所有者に配布されたものである。下の文を読んで，政府はなぜこのように税制を改革したのか，「安定」という語句を使って説明しなさい。

課税の基準をそれまでの収穫高(しゅうかく)から地価に変更(へんこう)し，納税方法をそれまでの米から現金で納めるようにした。

例政府の税収入を安定させるため。

月　日

16. 二度の世界大戦と日本

時代	中国	年代	おもなできごと・文化
大正時代	中華民国	1914	**第一次世界大戦**(～18)
		1918	**米騒動**，原敬の**政党内閣**が成立
		1919	三・一独立運動，五・四運動，**ベルサイユ条約**
		1920	**国際連盟**の成立
		1925	**治安維持法**，**普通選挙法**
昭和時代		1929	世界恐慌
		1931	**満州事変**
		1932	**五・一五事件**
		1933	ナチス政権(ドイツ)，国際連盟を脱退
		1936	**二・二六事件**
		1937	**日中戦争**(～45)
		1938	国家総動員法
		1939	**第二次世界大戦**(～45)
		1940	日独伊三国同盟
		1941	**太平洋戦争**(～45)
		1945	広島・長崎に原子爆弾，**ポツダム宣言受諾**→降伏

大正時代の文化

吉野作造(民本主義)
芥川龍之介(文学)
平塚らいてう
(女性運動)

戦争と国民生活

食料・衣料の配給
学徒出陣，勤労動員，
集団疎開(学童疎開)

① 第一次世界大戦とその影響 ★★

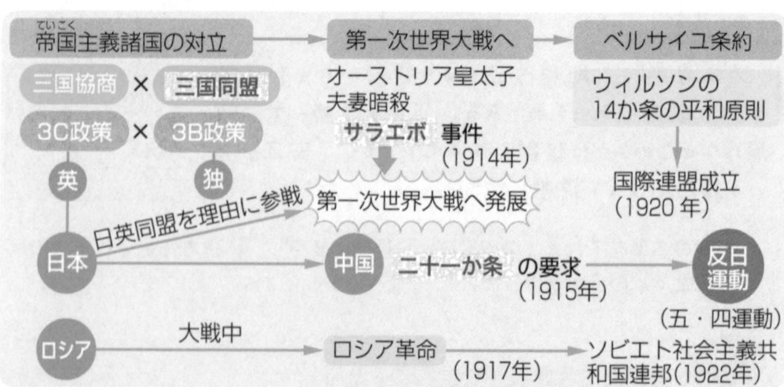

大正デモクラシー，世界恐慌（きょうこう），日中戦争までの流れ，第二次世界大戦中の国内のようすなどがよく出題される。

② 有権者の増加 ★★★

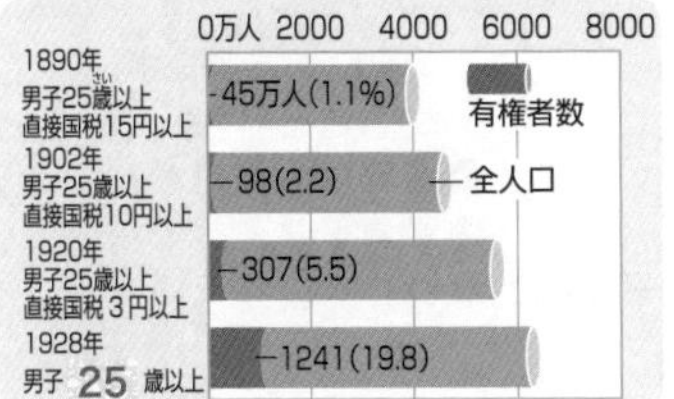

③ 世界恐慌 ★★

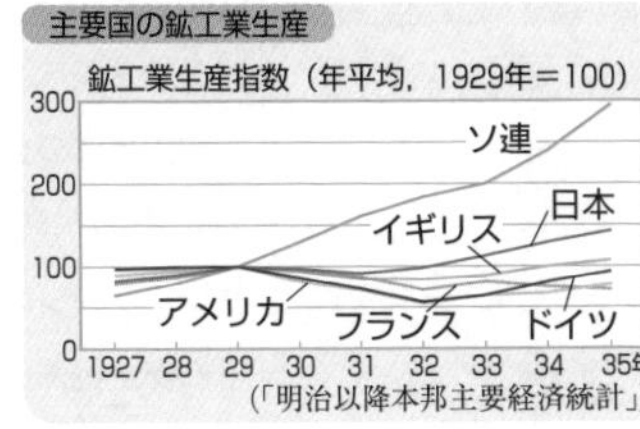

ここ重要

世界恐慌に対して，アメリカはニューディール政策，イギリスやフランスはブロック経済をとった。ソ連は五か年計画を行っていた。

④ 軍部の台頭 ★★

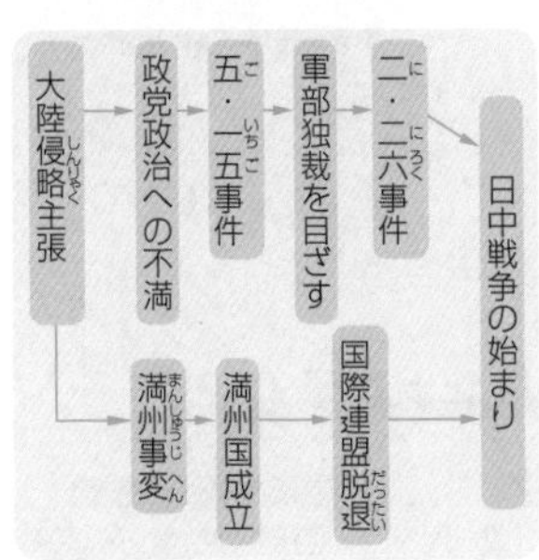

⑤ 太平洋戦争 ★★★

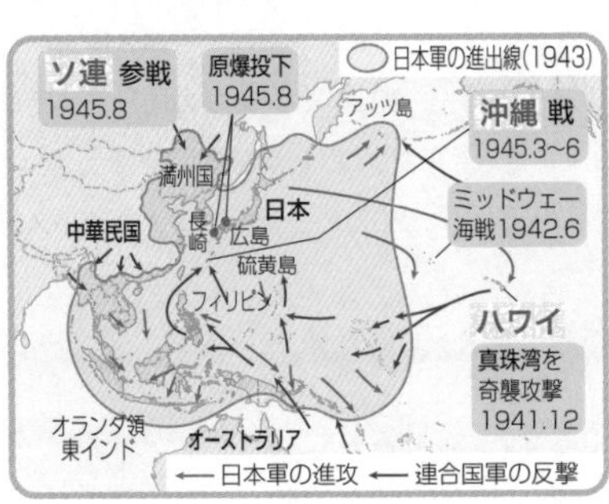

〔熊本〕

第一次世界大戦の講和会議で，国際連盟の設立が決められた。国際連盟に関することがらとして誤っているものを，次から1つ選びなさい。

ア ウィルソン大統領の提案により設立が決められた。

イ 新渡戸稲造（にとべいなぞう）が事務局次長を務めた。

ウ アメリカは常任理事国であった。

エ 日本は満州国に関する勧告（かんこく）を受け入れず脱退した。

解答 ウ

part1 社会

月　日

17. 現代の日本と世界

年号も覚えねば！

時代	中国	年代	おもなできごと
昭和時代	中華民国	1945	国際連合の成立
		1946	日本国憲法の公布
		1950	朝鮮戦争(〜53)
		1951	サンフランシスコ平和条約
			日米安全保障条約
	中華人民共和国	1954	自衛隊発足
		1956	日ソ共同宣言→国際連合へ加盟
		1972	沖縄の日本復帰，日中共同声明
		1978	日中平和友好条約
平成時代	（台湾）	1990	東西ドイツの統一
		1991	湾岸戦争，ソ連の解体
		1995	阪神・淡路大震災
		2001	アメリカ同時多発テロ
		2011	東日本大震災
令和		2020	新型コロナウイルス感染拡大

民主化の内容

女性参政権(46年，衆議院議員総選挙)，労働基準法，財閥解体，農地改革，教育基本法

冷戦

北大西洋条約機構(NATO)
↕ 対立
ワルシャワ条約機構(91年解体)
↓
平和共存(60年代〜)
↓
ベルリンの壁の崩壊，冷戦の終結(89年)

① 日本の占領体制 ★

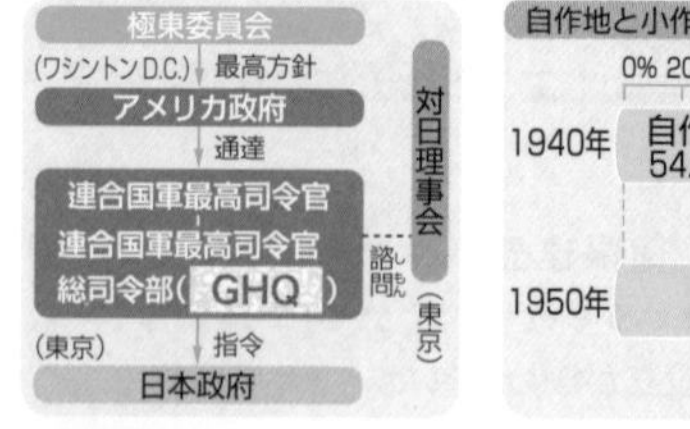

② 農地改革による変化 ★★

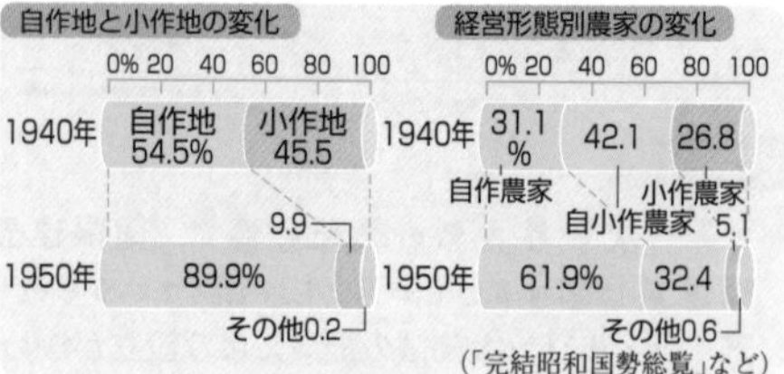

ここ重要

1952年のサンフランシスコ平和条約の発効により日本は独立を回復。1956年にソ連との国交回復により日本の国連加盟が実現。

入試では　農地改革に関する問題や，サンフランシスコ平和条約，日ソ共同宣言→国連加盟，高度経済成長→石油危機に関する問題がよく出る。

③ 冷　戦 ★★

④ 日本の外交 ★★★

- 1951年**サンフランシスコ平和条約**（首相：吉田茂）
- アメリカ
  1951年**日米安全保障条約**
  1972年**沖縄の日本復帰**
- ソ連
  1956年**日ソ共同宣言**
- 韓国
  1965年**日韓基本条約**
- 中国
  1978年**日中平和友好条約**

⑤ 日本の経済成長 ★★

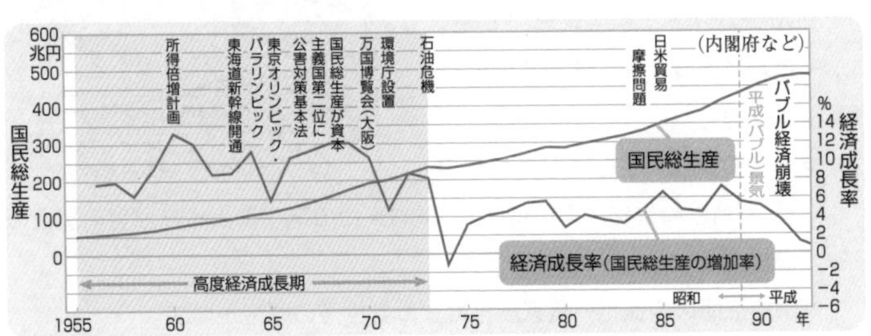

過去問　（熊本）

農地改革によって農業に大きな変化が見られた。右の図は，日本の農家の総数に占める自小作（自作兼小作）・小作・自作の農家数の割合について，1940年と1950年を比較したものである。図中のa～cにあたるものを，次のア～ウからそれぞれ1つずつ選びなさい。

	a	b	c
1940年	31.1%	42.1	26.8
1950年	62.5%	32.4	5.1

ア　自小作農家数　　イ　小作農家数　　ウ　自作農家数

解答　a―ウ　b―ア　c―イ

part1

社会

公民

18. わたしたちが生きる現代社会

月　日

① 現代社会の特色とわたしたち★★

❶ **グローバル化**

- 人，物，お金，情報などが国境をこえて移動し，世界の一体化が進むこと→多文化社会の進展。
- 国と国との国際競争
  →競争力のない分野は輸入。
  →**国際分業**
  →日本の**食料自給率**の低下。

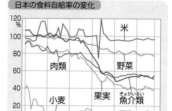

日本の食料自給率の変化

米　野菜　肉類　果実　魚介類　小麦

(2020/21年版「日本国勢図会」など)

❷ **情報化**…メディアなどを通じて，社会における情報の果たす役割が大きくなっている。情報を受けとる環境の違いによる情報格差(デジタルデバイド)も生まれている。
→**情報リテラシー**，**情報モラル**

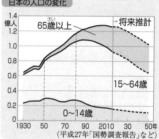

日本の人口の変化

65歳以上　15~64歳　0~14歳　将来推計

(平成27年「国勢調査報告」など)

❸ **少子高齢化**

- 一人の女性が生む子どもの数の減少(**合計特殊出生率**の低下)，平均寿命の延びによる高齢者の割合の増加。
- 家族形態の多様化…**核家族**世帯・単身世帯の割合が増加。

❹ **持続可能な社会**…地球環境問題や化石燃料の枯渇などを解決し，将来世代にわたって，幸福と発展を続けていける社会が必要。

② わたしたちの生活と文化★

琉球文化やアイヌ文化も日本にあるよ。

❶ **文化の意義・影響**

科学	物質的に豊かになる一方，**環境破壊**や**核兵器**の問題がおこっている。
芸術	人間の心に豊かさをもたらす。
宗教	人間に生きる力をもたらす一方，**紛争**の原因にもなる。

文化には，生活環境の中で身についた行動様式や価値観なども含まれる。

入試では　この単元は，地理分野の日本の人口や交通・通信や歴史分野の現代の日本と世界を結びつけた総合問題となる傾向がある。

part 1 社会　part 2 理科　part 3 数学　part 4 英語　part 5 国語

❷ 伝統文化

- 長い歴史の中で培われ，受け継がれてきた文化を**伝統文化**という。
  - →**歌舞伎**や**能**などの一部の人によって継承されてきたもの。
  - →**年中行事**などの生活文化。
- 地域による多様性。
- 文化財保護法

おもな年中行事	
1月	初詣
2月	節分
3月	ひな祭り・彼岸会
4月	花祭り(灌仏会)
5月	端午の節句
7月	七夕
8月	お盆(盂蘭盆会)
9月	彼岸会
11月	七五三
12月	大掃除(すすはらい)

❸ 多文化共生…国籍，民族，宗教などの異文化を理解し尊重する社会。

③ 現代社会の見方や考え方★

❶ 社会集団…人間は，**社会集団**に属しながら生活をする**社会的存在**。

❷ 対立と合意

- **対立**…複数の人間の間で，考えが異なっている状態。
- **合意**…意見の対立がない状態。

❸ 効率と公正…みんなが納得する合意を得るための考え方。

- **効率**…「無駄を省く」。資源などを無駄なく使うための考え方。
- **公正**…「**手続きの公正**」「**機会の公正**」「**結果の公正**」が大切。

❹ 決まりをつくる目的と方法…社会生活を円滑に行うために決まりが必要。

- 決定の仕方…全会一致と**多数決**などの方法がある。多数決の場合，**少数意見の尊重**も大切。

過去問　〔鹿児島〕

記述　次の取り組みが，「公正」の考え方に基づいていると判断できる理由を答えなさい。

〇〇市では，民間会社の一部のバス路線が廃止されたので，市議会で審議した結果，市がバスを新たに運行する取り組みを行っています。

解答　㊞市民すべてが交通手段を確保できるようにしているから。

月　日

19. 基本的人権と日本国憲法

① 人権思想の発展 ★★

専制 政治……国王にすべての権力が集中

↓

市民革命（自由権・平等権の確立）
- 名誉革命（イギリス）→ 権利章典
- アメリカ独立戦争 → 独立宣言
- フランス革命 → 人権宣言

↓ 20世紀ワイマール憲法（社会権の確立）

世界人権宣言（1948年）

市民革命に大きな影響を与える

思想家の活躍
- ロック …『統治二論』
- モンテスキュー …『法の精神』
- ルソー …『社会契約論』

② 日本国憲法の基本原則 ★★★

日本国憲法 …1946年11月3日公布，1947年5月3日 施行

三大原則
- 国民主権 … 主権は 国民 にある
  天皇は日本国と日本国民統合の 象徴
  → 内閣の助言と承認により，国事行為 のみ行う
- 基本的人権の尊重 … 公共の福祉 に反しない限り，最大限に尊重される
- 平和主義 … 日本国憲法第 9 条(戦争の放棄・戦力の不保持・交戦権の否認) ー非核三原則

憲法改正の手続き

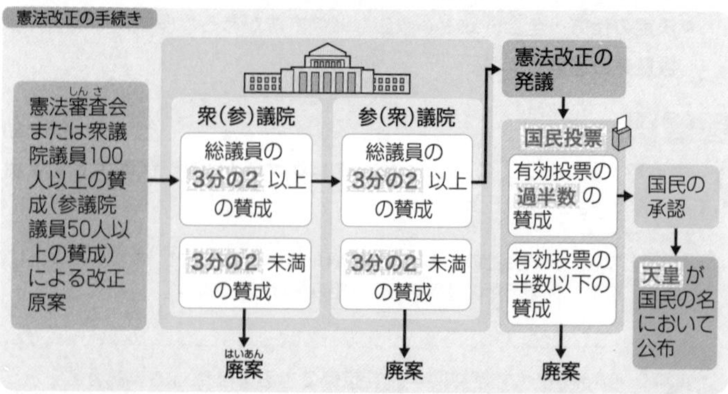

市民革命に影響を与えた思想家とその著書，日本国憲法の三大原則，基本的人権の種類と内容に関する出題が多い。

③ 日本国憲法と基本的人権★★★

❶ 日本国憲法が定める基本的人権

個人の尊重（憲法第13条）
法の下の平等（憲法第14条）
- 子ども（児童）の権利条約
- アイヌ民族支援法
- 男女雇用機会均等法
男女共同参画社会基本法
- 障害者基本法，障害者差別解消法
バリアフリー
- ユニバーサルデザイン，ノーマライゼーション，インクルージョン

自由権：自由に生きるための権利
社会権：人間らしく生きるための権利
参政権など：人権を確保するための権利
個人の尊重と法の下の平等（平等権，等しく生きるための権利）

自由権	● **身体の自由**（不当な拘束の禁止，法定手続きの保障，罪刑法定主義など） ● **精神の自由**（思想・良心の自由，集会・結社・表現の自由など） ● **経済活動の自由**（居住・移転・職業選択の自由，財産権の不可侵など） →他人の権利を侵害しないように公共の福祉による制限を受ける。
社会権	● 健康で文化的な最低限度の生活を営む権利（生存権）－憲法第25条 ● 教育を受ける権利　● **労働基本権**　● 勤労の権利
参政権	● **選挙権**・被選挙権　● 最高裁判所裁判官の国民審査権　● 請願権など
請求権	● **裁判を受ける権利**　● 国家賠償請求権　● 刑事補償請求権

❷ **国民の義務**…普通教育を受けさせる義務，勤労の義務，納税の義務。

❸ **新しい人権**…産業の発展や情報化などにより主張されるようになった権利。環境権，自己決定権，知る権利，プライバシーの権利など。

過去問　〔兵庫－改〕

日本国憲法によって保障される権利について述べた文として適切なものを，次のア～エから1つ選び，記号で答えなさい。

ア　基本的人権は，どのような場合でも制限されない。
イ　精神の自由では，裁判官の令状がなければ逮捕されないとされている。
ウ　国民は法の下に平等であり，差別されない権利が保障されている。
エ　環境権や知る権利など，新しい人権が定められている。

ウ

月　　日

20. 民主政治と政治参加

① 民主主義と政治★

- 民主主義…みんなで話し合い，決定すること。直接民主制，議会制民主主義(間接民主制)＝多数決の原理

② 選　挙★★

❶ 選挙の基本原則

- 普通選挙　● 平等選挙
- 直接選挙　● 秘密選挙

❷ 選挙制度

- 小選挙区制　● 比例代表制

→衆議院議員選挙は小選挙区比例代表並立制。

❸ 課題…投票率の低下，一票の格差。

③ 選挙と政党★★

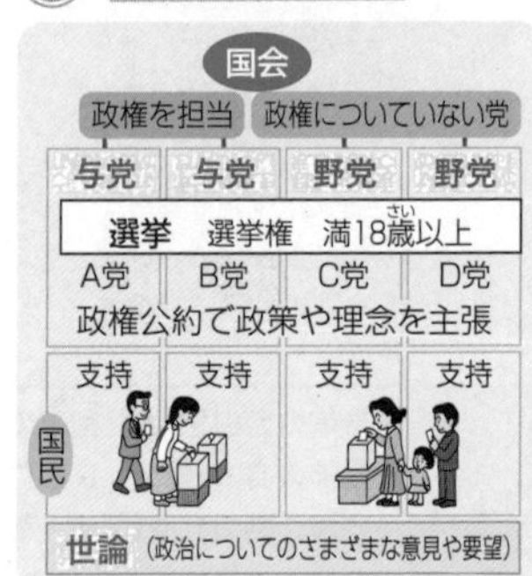

④ 政治のしくみと三権分立★★★

三権分立はモンテスキューが提唱したよ。

❶ 国会・内閣・裁判所のしくみとはたらき

国会＝唯一の立法機関	内閣＝行政機関	裁判所＝司法機関
• **国権の最高機関** • **二院制**…衆議院(465人)と参議院(248人※) • **衆議院の優越** • 常会・臨時会・特別会 • 法律案の議決・予算の議決・条約の承認・国政調査権など • 衆議院で内閣不信任の決議	• **内閣府と12省庁** • **議院内閣制**(国会に対し連帯して責任を負う) • 内閣総理大臣と国務大臣(内閣総理大臣が任免)で構成 • 行政改革が進む→規制緩和	• **最高裁判所と下級裁判所**(高等・地方・簡易・家庭裁判所) • **三審制**(控訴・上告) • 民事・刑事・行政裁判 • 司法制度改革 • **裁判員制度** • 検察審査会

※公職選挙法の改正により，2019年の選挙で245人，2022年の選挙で248人に増員。

ここ重要

2015年，公職選挙法が改正され，選挙権年齢が満20歳以上から満18歳以上に引き下げられた。

国会・内閣・裁判所のしくみと役割，住民の直接請求権，衆・参両議院の選挙制度に関する問題が多い。

❷ **三権分立のしくみ**…国の政治権力を立法権・行政権・司法権に分け，互いに抑制，均衡を保っている。

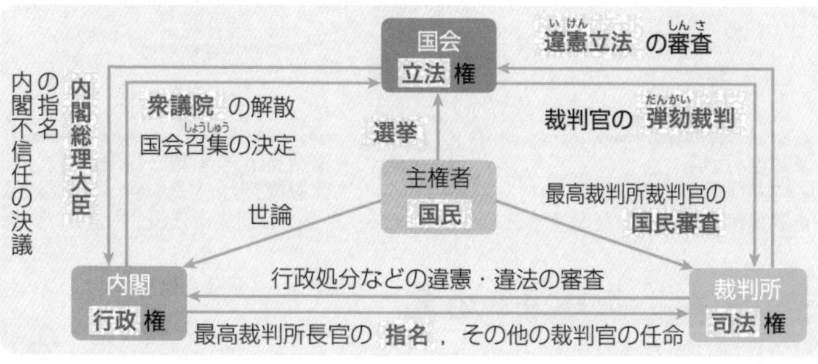

5 地方自治★★

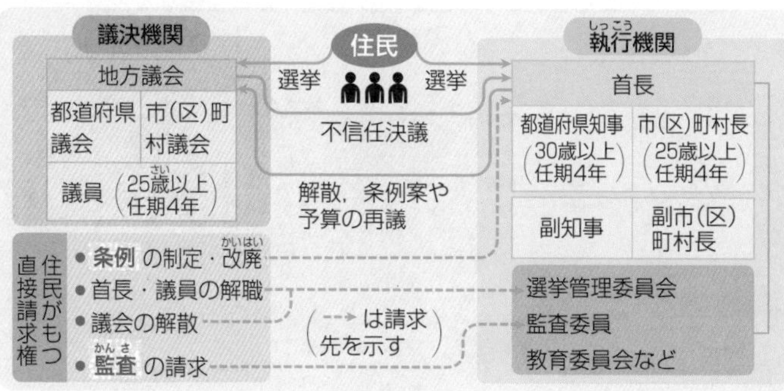

議会と首長は互いに抑制し合い，均衡を保つ。

〔岐阜〕

次の各問いに答えなさい。

(1)内閣の行う仕事を，**ア**～**カ**からすべて選び，記号で答えよ。

ア 予算を議決　**イ** 違憲審査の行使　**ウ** 最高裁判所長官の指名
エ 条約の締結　**オ** 条例の制定　**カ** 国会の召集の決定

(2)衆議院議員の被選挙権は何歳以上か，数字で答えよ。

解答 (1)**ウ・エ・カ** (2)**25**

月　日

21. 消費生活と経済

① 家計と消費生活★

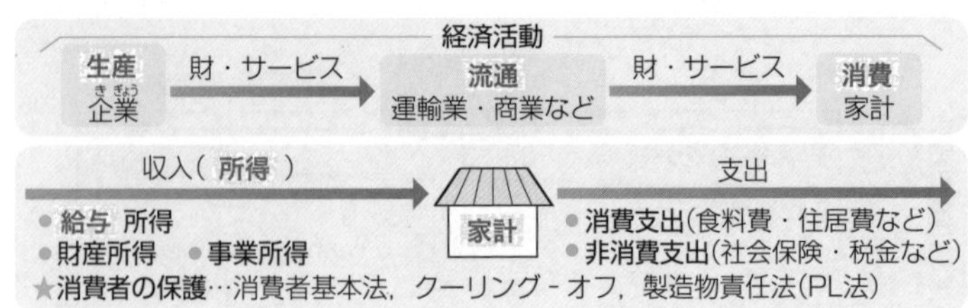

② 資本主義経済と企業★★

企業の99%が中小企業だよ。

❶ 企業の種類

- 公企業…利潤を目的としない地方公営企業，独立行政法人など。
- 私企業…利潤を目的とする企業(個人企業・法人企業など)。

❷ 株式会社のしくみ

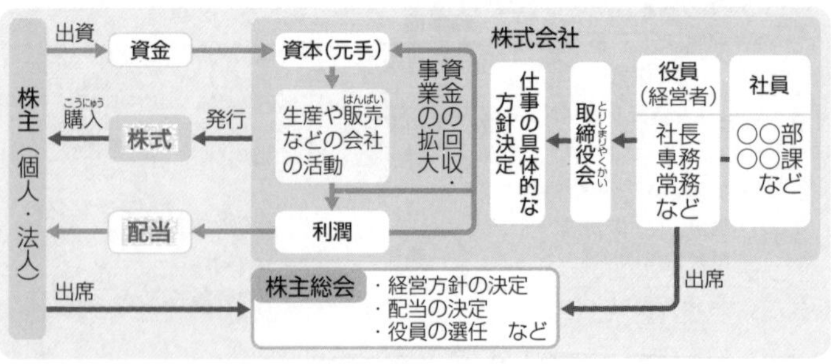

③ 労働者の権利★

❶ 労働三権…労働者の団結権，団体交渉権，団体行動権(争議権)。

❷ 労働三法…労働条件の最低基準を定めた労働基準法，労働組合の結成とその団体行動を認めた労働組合法，労働者と使用者の関係を公正に調整するための労働関係調整法。

❸ 仕事と家庭を両立させるワーク-ライフ-バランスの実現。

❹ 労働の多様化…非正規労働者，外国人労働者の増加。

市場経済のしくみと市場価格の決定，株式会社のしくみと独占禁止法，銀行のはたらきについて多く出題されている。

④ 価格の決定 ★★★

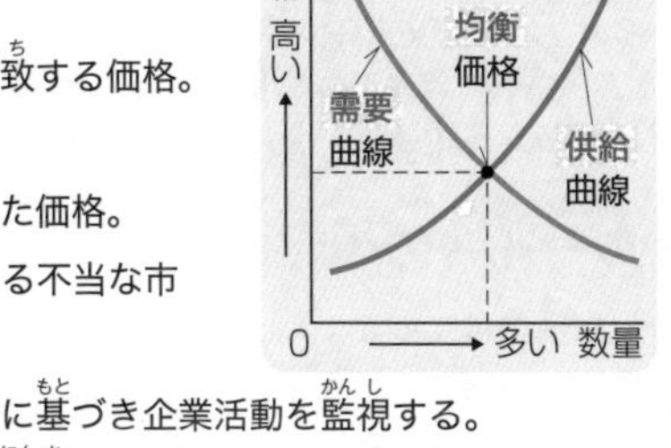

❶ 需要量…買い手が買いたい量。

❷ 供給量…売り手が売りたい量。

❸ 均衡価格…需要量と供給量が一致する価格。

❹ 生産の集中と独占

- 独占価格…少数の企業が決めた価格。
- 独占禁止法…少数の企業による不当な市場の支配を防ぐ。
- 公正取引委員会…独占禁止法に基づき企業活動を監視する。

❺ 公共料金…国や地方公共団体が認可(電気・バス・水道の料金など)。

ここ重要

市場価格とは需要と供給の関係によって決まる市場での価格。

⑤ 金融のはたらき ★★

❶ 金融…資金に余裕のある人から，不足している人に資金を融通すること。銀行などの金融機関が仲立ち。銀行は，預金の利子(利息)よりも貸し出す際の利子を多くとることで利益を得る。

❷ 日本銀行(中央銀行)の役割…金融政策を行い，市中の貨幣量を調整。

- 発券銀行・銀行の銀行・政府の銀行

❸ 景気…経済全体の動きのこと。好景気と不景気をくり返す。好景気にはインフレーション，不景気にはデフレーションがおこることもある。

過去問 〔福島〕

記述　右の資料は，ある企業の求人広告の一部である。ア～ウの記載事項のうち，労働基準法に違反しているものを1つ選び，違反している理由を答えなさい。

○○工場「新入社員」募集
資格　高校卒業以上
給与　ア男子18万２千円，女子17万５千円
時間　9：00～16：30で，イ実働６時間40分
休日　ウ週１日，夏季・年末年始，有給休暇ほか

記号―ア　理由―㈶男女で異なった賃金となっているため。

月　日

22. 国民の生活と福祉

① 財政のはたらきと租税(そぜい) ★★★

景気を安定させるために
どのような財政政策を
行うのかな？

❶ 財政のしくみ

国の財政 一般会計　国の財政の基本的な歳入(さいにゅう)・歳出(さいしゅつ)についての会計
歳入では「公債金(こうさい)」(国の借金＝国債)，歳出では社会保障関係費が増加

↓ 地方交付税交付金(使い道が決められていない)・国庫支出金(使い道が決められている)

地方の財政 地方公共団体(都道府県・市〈区〉町村)←--- 地方税・地方債

❷ 財政のはたらき

- 社会資本・公共サービスの提供…私企業(しきぎょう)では提供しにくいもの。
- 所得の再分配…**累進課税(るいしんかぜい)制度**(収入の多い人ほど税率を高くする)
- 景気の調整(財政政策)
  - 不景気→**減税**・公共事業を**増やす**
  - 好景気→**増税**・公共事業を**減らす**

❸ おもな租税

	国税	地方税
直接税	**所得税**(個人の所得に課税) **法人税**(企業の所得に課税) **相続税**(財産を相続したとき)	(都)道府県民税・市(区)町村民税 自動車税(自動車の所有者) 固定資産税(土地や建物)など
間接税	**消費税**・酒税・関税など	地方消費税・ゴルフ場利用税など

② 社会保障制度 ★★★

社会保険
- 失業・老齢(ろうれい)などに備えて，保険料を積み立てる
  - 健康保険
  - 雇用(こよう)保険
  - 年金保険
  - 介護(かいご)保険など

社会福祉(ふくし)
- 障がい者や高齢者などの社会的弱者を保護し，自立を援助(えんじょ)する
  - 障害者福祉
  - 児童福祉
  - 老人福祉など

公的扶助(ふじょ)
- 収入が少なく，健康で文化的な最低限の生活ができない人に生活費などを給付する
  - 生活保護

公衆衛生
- 国民の健康の保持・増進をはかる
  - 感染症(かんせんしょう)の予防
  - 上・下水道の整備
  - 公害対策など

↑ **生存権の保障**(日本国憲法第25条)

入試では　景気対策としての財政政策，社会保障制度の内容，円高・円安についての出題が多い。

ここ重要

少子高齢化が進むと，年金などの社会保障関係費は増えるが，現役世代の人口は減少するため，現役世代の負担が増える。

③ 公害の防止と環境保全★★

❶ 公害の発生と防止…高度経済成長期に公害(→四大公害病)の発生。
- 1967年公害対策基本法の制定，1971年環境庁(現**環境省**)の設置。
- 1993年**環境基本法**の制定。

❷ **地球温暖化**，熱帯雨林の減少，砂漠化など地球環境問題が発生。

❸ 循環型社会への取り組み…2000年循環型社会形成推進基本法の制定。
- **3R**…リデュース，リユース，リサイクル

④ グローバル化する日本経済★★

❶ 貿易…国と国との間で行われる商品の取り引き←**国際分業**

❷ 為替相場…日本の通貨と外国の通貨を交換する比率。
- **円高**…輸出に不利，輸入に有利。
- **円安**…輸入に不利，輸出に有利。

円高と円安

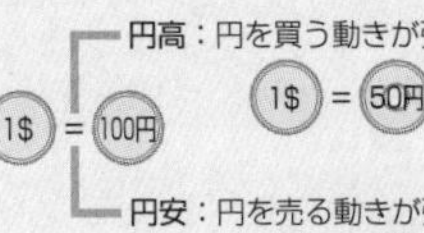

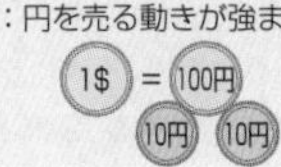

❸ 日本国内の工場の海外移転が進む→**産業の空洞化**が問題になる。

過去問　〔埼玉〕

日本の社会保障制度について，次の文章は社会保障制度の4つの柱についてまとめたものである。Ⅰ・Ⅱにあてはまる語句を答えなさい。

日本の社会保障制度は，憲法の条文の規定に基づいて整備されてきた。日本国憲法第25条第1項では生存権を定め，2項では「国は，すべての生活部面について，［ Ⅰ ］，社会保障及び［ Ⅱ ］の向上及び増進に努めなければならない」と定められている。

Ⅰ—**社会福祉**　Ⅱ—**公衆衛生**

月　日

23. 国際社会と人類の課題

① 国際社会のしくみ★★★

❶ 主権国家と国際社会

主権国家

主権	国民	領域（領土・領海・領空）

国際法
- 国家間の取り決め
- グロチウスがその必要性を説く
- 条約と国際慣習法からなる

領海…12海里以内
排他的経済水域（はいた）…200海里以内（領海を除く）

❷ 国際連合

安全保障理事会
- 常任理事国 …アメリカ・ロシア連邦（れんぽう）・イギリス・フランス・中国。拒否権（きょひ）をもつ
- 非常任理事国…10か国

国際司法裁判所
- ハーグ（オランダ）に設置

信託統治理事会（しんたく）
- 1994年11月より活動を停止

国連貿易開発会議（UNCTAD（アンクタッド））
国連児童基金（UNICEF（ユニセフ））
国連難民（なんみん）高等弁務官事務所（UNHCR）

事務局
- 本部…**ニューヨーク**
- 1945年発足（ほっそく）

総会
- 全加盟国で構成
- 1か国1票の投票権

世界貿易機関（WTO）

経済社会理事会
- 経済・社会・文化面などで，国際的な協力を進める
- 各種専門機関
  国連教育科学文化機関（UNESCO（ユネスコ））
  世界保健機関（WHO）など

❸ 地域主義（リージョナリズム）と国際社会

食料・環境（かんきょう）問題など同じ問題を抱（かか）える国や地域がまとまり，国際的に協力・協調を強めようとする動きが目立っている。

- ヨーロッパ連合（ **EU** ）・東南アジア諸国連合（ **ASEAN**（アセアン） ）・アジア太平洋経済協力会議（ **APEC**（エイペック） ）・環（かん）太平洋経済連携（れんけい）協定（ **TPP** ）など

❹ 経済格差

南北 問題	北半球に多く位置する**先進工業国**と，南半球に多く位置する**発展途上国**（とじょう）との経済格差などの問題
南南 問題	発展途上国間での資源をもつ国ともたない国との格差
新興国の台頭	新興工業経済地域（NIES（ニーズ）），BRICS（ブリックス） など

地理的分野・歴史的分野との総合問題として扱(あつか)われる傾向(けいこう)にあり，国連のしくみ，平和維持(いじ)活動(PKO)，環境(かんきょう)問題の出題が多い。

② さまざまな国際問題 ★★

❶ **地球環境問題**…地球温暖化や砂漠(さばく)化，酸性雨，オゾン層の破壊(はかい)など。

- 国連環境開発会議(**地球サミット**)の開催(かいさい)。
- 地球温暖化防止京都会議…**京都議定書**を採択(さいたく)。
- **パリ協定**で，すべての国に**温室効果ガス**の削減(さくげん)を義務づける。

❷ **資源エネルギー問題**…化石燃料から**再生可能エネルギー**の開発へ。

❸ **貧困(ひんこん)問題**…適正な価格で取り引きを行う**フェアトレード**(公正貿易)，少額のお金を貸し出す**マイクロクレジット**(少額融資(ゆうし))などの取り組み。

❹ **新しい戦争**

- 地域紛争(ふんそう)…多くは民族紛争→**難民**の発生→UNHCRの取り組み。
- テロリズム…特定の集団が敵対する勢力(国)に対して攻撃(こうげき)する行為(こうい)。

③ これからの地球社会と日本 ★

❶ **日本の外交**…国際貢献(こうけん)と平和主義。

- 国際貢献…技術援助(えんじょ)を含(ふく)む**政府開発援助**(**ODA**)による支援。
- 平和主義…**非核(ひかく)三原則**→核兵器を「**もたず，つくらず，もちこませず**」。

❷ **世界平和のために**…貧困などのない世界をつくる積極的平和。

- 軍縮が進められている←**非政府組織**(**NGO**)の活動。
- 「**人間の安全保障**」…国だけではなく，一人ひとりの人間の生命や人権を大切にするという考え方。

ここ重要

持続可能な開発目標(SDGs(エスディージーズ))→持続可能な社会を実現するために2030年までの達成を目ざした17の国際目標。

過去問 〔岐阜〕

国際連合における機関の1つで，世界の平和と安全を維持することを目的として，アメリカ，ロシア，イギリス，フランス，中国の常任理事国と，10か国の非常任理事国で構成される機関を何というか答えなさい。

安全保障理事会

物理

月　日

1. 光と音

① 光の進み方★

❶ 鏡による光の反射　　❷ 台形ガラスでの光の屈折(くっせつ)

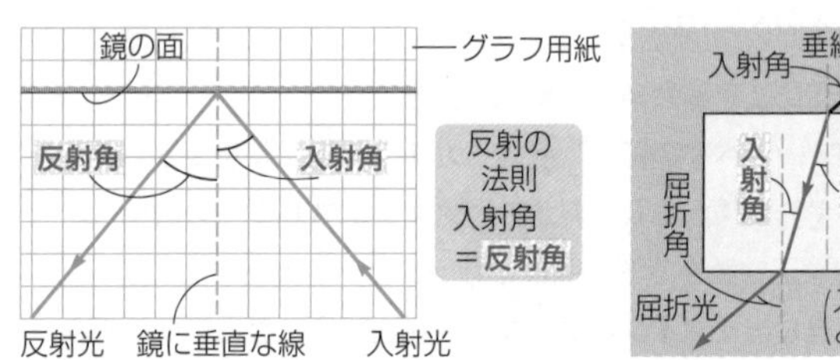

❸ 空気中から水中へ　　❹ 水中から空気中へ

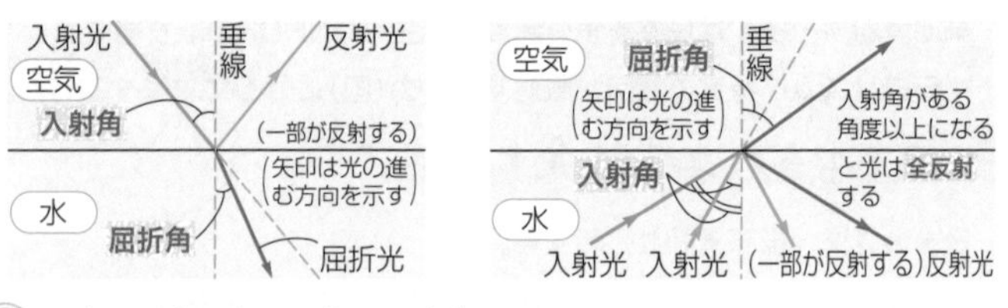

② 音の高低・大小★★

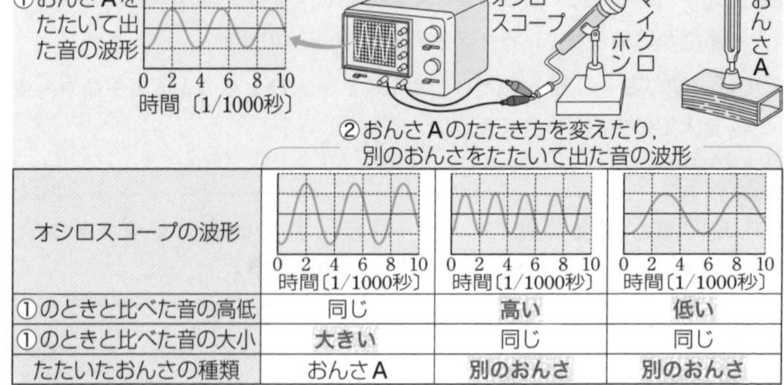

オシロスコープの波形	0 2 4 6 8 10 時間〔1/1000秒〕	0 2 4 6 8 10 時間〔1/1000秒〕	0 2 4 6 8 10 時間〔1/1000秒〕
①のときと比べた音の高低	同じ	**高い**	**低い**
①のときと比べた音の大小	**大きい**	同じ	同じ
たたいたおんさの種類	おんさA	**別のおんさ**	**別のおんさ**

ここ重要

オシロスコープは，音の高低・大小を画面に表す。1秒間の振動(しんどう)数が多いほど高い音，振幅(しんぷく)が大きいほど大きい音になる。

入試では　凸レンズによってできる像の問題はよく出題され，凸レンズを通る光の道筋を作図させる問題もふえている。

③ 凸(とつ)レンズと像★★★

ろうそくとレンズの距離(きょり)を変えながらスクリーンにうつる像のようすを調べた。

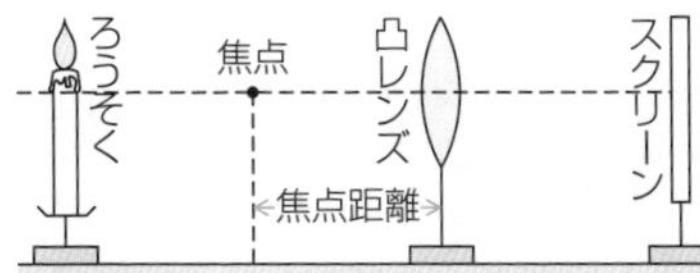

ろうそくが焦点距離の2倍より長い場所にあるときの光の道筋

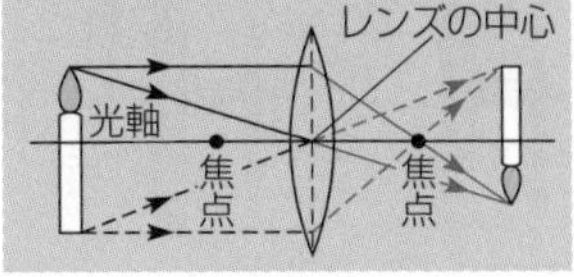

レンズの中心
光軸
焦点
焦点

（ろうそくとレンズの距離はレンズの焦点距離を基準にした。）

ろうそくとレンズの距離	焦点距離の2倍より長い	焦点距離の2倍の長さ	焦点距離より少し長い	焦点距離と等しい	焦点距離より短い
像のようす	実物より小さい倒立した実像	実物と同じ大きさの倒立した実像	実物より大きい倒立した実像	像はできない	実物より大きい正立の虚像

ここ注意！

実像と虚像(きょぞう)
- 焦点(しょうてん)の外側に物体を置く。→倒立(とうりつ)した実像
- 焦点の内側に物体を置く。→正立した虚像

過去問

次の文を読み，あとの問いに答えなさい。　〔佐賀一改〕

図1のように見える矢印の形をくりぬいた黒い板を使い，図2のような装置で，凸レンズを固定し，黒い板をとりつけた電球を十分離(はな)れた位置から凸レンズに近づけていった。このとき，像ができるようについたても動かした。

図1

図2

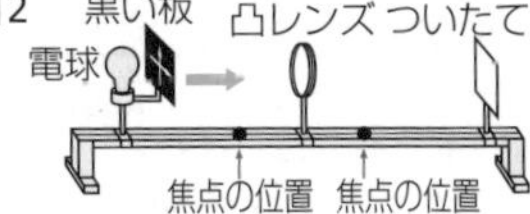

図3

(1) ついたてにできた像は，電球のほうからどのように見えるか。図3のア～エから1つ選べ。

(2) 光が実際についたてに集まってできる(1)の像を何というか。

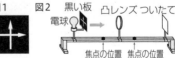

(1) ウ　(2) 実像

月　日

2. 力と圧力

① 力の大きさとばねの伸(の)び ★★

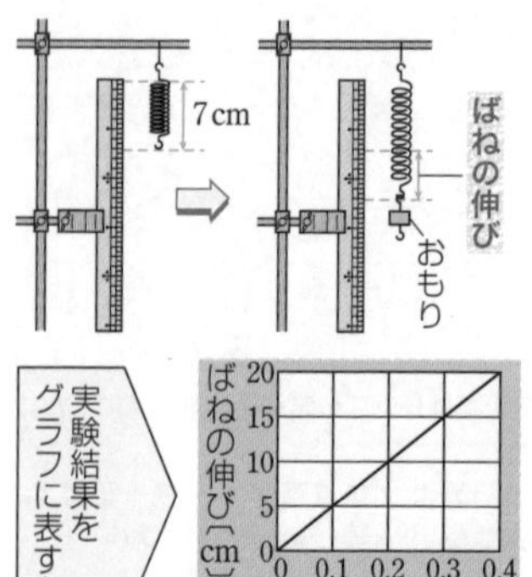

長さ7cmのばねにおもりをつるし，力の大きさとばねの伸びの関係を調べた。

力の大きさ〔N〕	0.1	0.2	0.3	0.4
ばねの伸び〔cm〕	5	10	15	20
ばね全体の長さ〔cm〕	12	17	22	27

力の大きさとばねの伸びの間には比例の関係がある。これを，フックの法則という。

ここ注意！

- 力の大きさはN(ニュートン)という単位で表す。
- **1 N**は約100 **g**のおもりにはたらく「重力」と等しい大きさ。

② 力の表し方 ★★

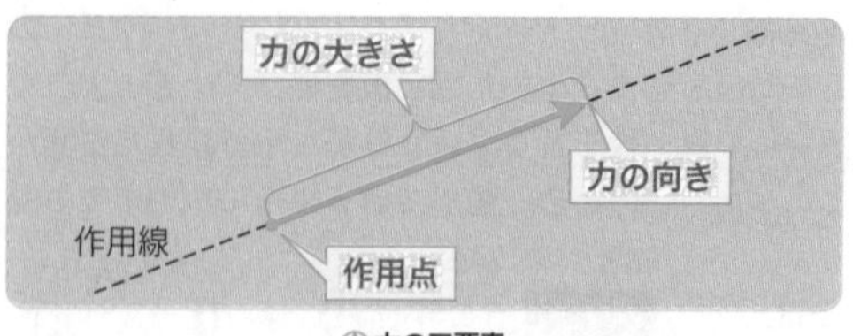

▲力の三要素

力を図示するときは，力の三要素がわかるよう，左の図のように矢印で示す。

❶ 作用点…力がはたらいている所➡矢印の根もと

❷ 力の向き…力がはたらいている向き➡矢印の向き

❸ 力の大きさ…矢印の長さ

ここ重要

力の作用点，力の向き，力の大きさを力の三要素という。

入試では　圧力を求める計算問題や力とばねの伸び，浮力はよく出題される。このとき，単位もしっかりと答える必要がある。

③ 圧力 ★★★

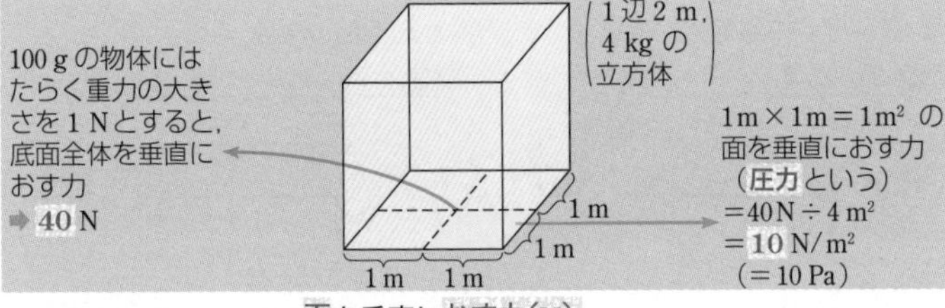

$$\text{圧力(N/m}^2\text{, Pa)} = \frac{\text{面を垂直におす力(N)}}{\text{力を受ける面積(m}^2\text{)}}$$

ここ重要

圧力とは，単位面積あたりにはたらく力の大きさをいう。

④ 水圧と浮力(ふりょく) ★★★

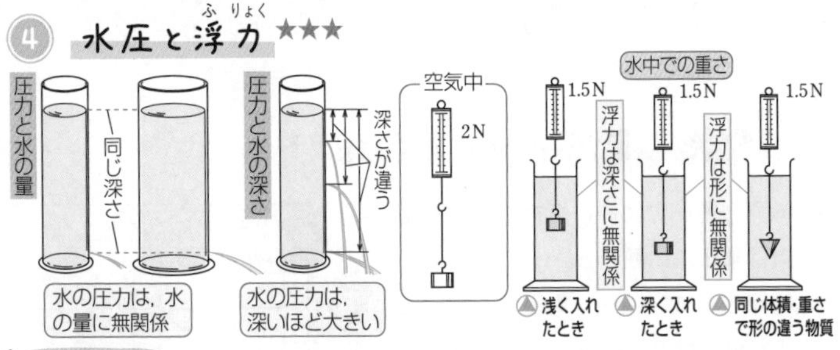

ここ注意！

▶浮力の大きさ〔N〕＝空気中の物体の重さ〔N〕－水中の物体の重さ〔N〕

過去問　〔静岡－改〕

質量2 kgの直方体のれんがをスポンジの上に置き，スポンジのへこみ方を調べた。次の問いに答えなさい。

(1) スポンジが最も深くへこむのは，どの面を下にして置いたときか。図のア～ウから選べ。

(2) (1)のとき，スポンジがれんがから受ける圧力は何 Paか。ただし，100 gの物体にはたらく重力の大きさを 1 Nとする。

スポンジ　れんが　10 cm　20 cm　ア　イ　ウ　5 cm

(1)ウ　(2)4000 Pa

part 1 社会　part 2 理科　part 3 数学　part 4 英語　part 5 国語

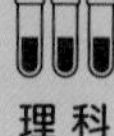

3. 電流と電圧のきまり

① 回路の電流と電圧のきまり ★★

❶ 直列回路の電流

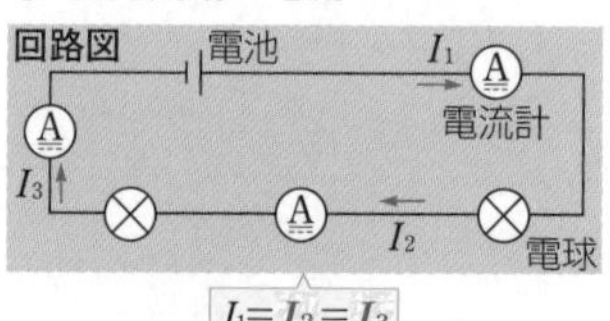

$I_1 = I_2 = I_3$

❷ 並列回路の電流

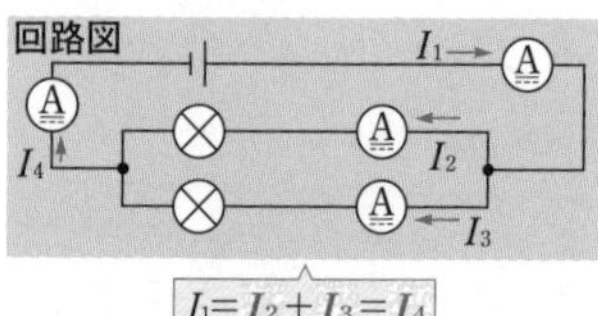

$I_1 = I_2 + I_3 = I_4$

❸ 直列回路の電圧

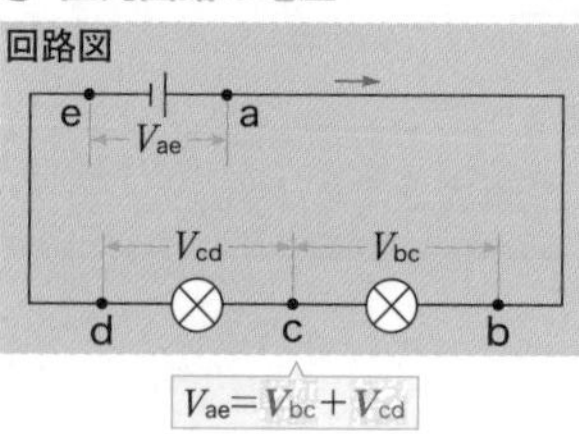

$V_{ae} = V_{bc} + V_{cd}$

❹ 並列回路の電圧

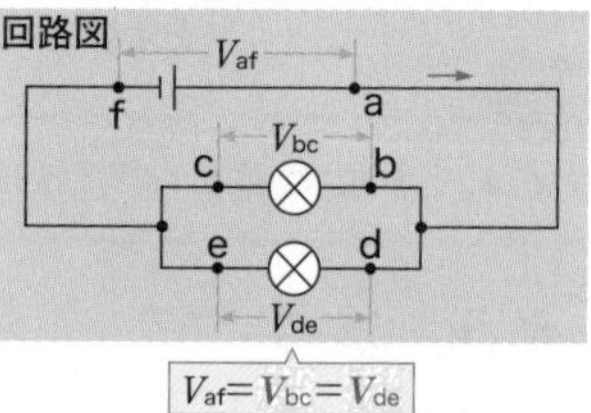

$V_{af} = V_{bc} = V_{de}$

② 電流・電圧・抵抗の関係 ★★

❶ **電流と電圧の関係**…抵抗を流れる電流は電圧に比例する。

❷ **電流と抵抗の関係**…電圧が一定のとき，電流は抵抗に反比例する。

❸ **電圧と抵抗の関係**…電流が一定のとき，電圧は抵抗に比例する。

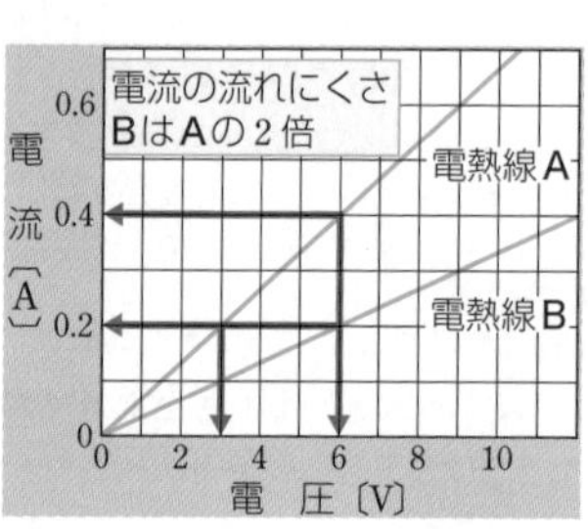

❹ **オームの法則**…回路を流れる電流I〔A〕は，電圧V〔V〕に比例し，抵抗R〔Ω〕に反比例する。

電熱線Aの抵抗：$\frac{6\text{ V}}{0.4\text{ A}}$＝**15 Ω**　電熱線Bの抵抗：$\frac{6\text{ V}}{0.2\text{ A}}$＝**30 Ω**

ここ重要

▶オームの法則➡電圧V〔V〕＝電流I〔A〕×抵抗R〔Ω〕

I〔A〕＝$\frac{V〔V〕}{R〔Ω〕}$　　R〔Ω〕＝$\frac{V〔V〕}{I〔A〕}$

入試では　オームの法則を使った電流・電圧・抵抗の計算問題や電流計・電圧計の使い方を問う問題が多い。

③ 電流計・電圧計の使い方 ★★★

図のような装置で，電熱線に流れる電流とかかる電圧を調べた。

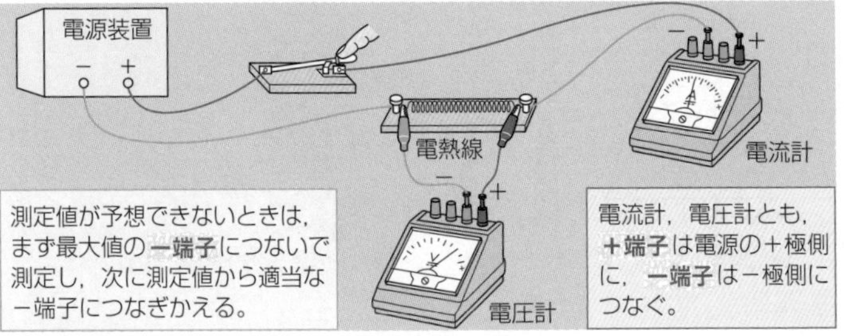

測定値が予想できないときは，まず最大値の－端子につないで測定し，次に測定値から適当な－端子につなぎかえる。

電流計，電圧計とも，＋端子は電源の＋極側に，－端子は－極側につなぐ。

ここ注意！

- 電流計は，回路に直列に接続する。
- 電圧計は，電圧をはかろうとする部分に並列（へいれつ）に接続する。

④ 静電気 ★

❶ 摩擦（まさつ）によって生じる電気を静電気という。

❷ 静電気には＋（プラス）の電気と－（マイナス）の電気がある。

❸ 異なる電気どうしは引き合い，同じ電気どうしはしりぞけ合う。

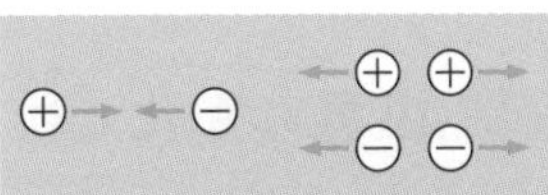

過去問　〔兵庫－改〕

右の図は，長さと太さが同じ材料の異なる電熱線a，bの電圧と電流の関係をグラフで示したものである。次の問いに答えなさい。

⑴次の文の(　)に適当な語を入れよ。

電熱線を流れる電流は，加える電圧に(①　　)する。この関係を(②　　)という。

⑵電流が流れにくいのはa，bのどちらか。

⑶bのグラフが示す電熱線の電気抵抗（ていこう）は何Ωか。

電熱線a,bの電圧と電流の関係

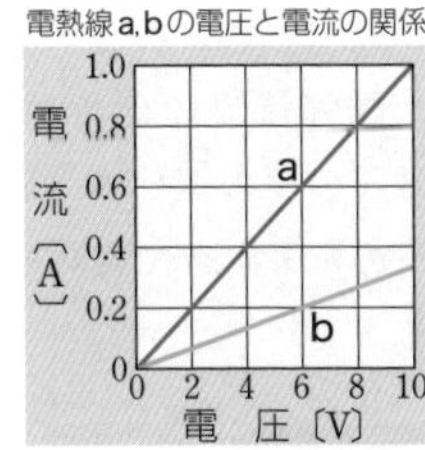

解答　⑴①比例　②オームの法則　⑵b　⑶30 Ω

月　日

4. 電流のはたらき

① 電流と磁界 ★★

❶ 直線電流のつくる磁界

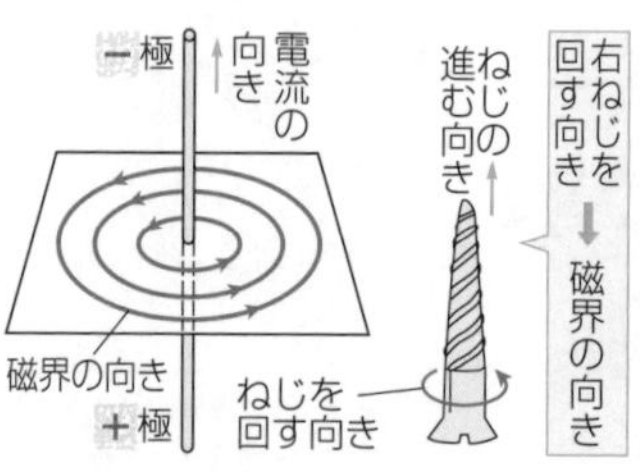

❷ コイルのつくる磁界

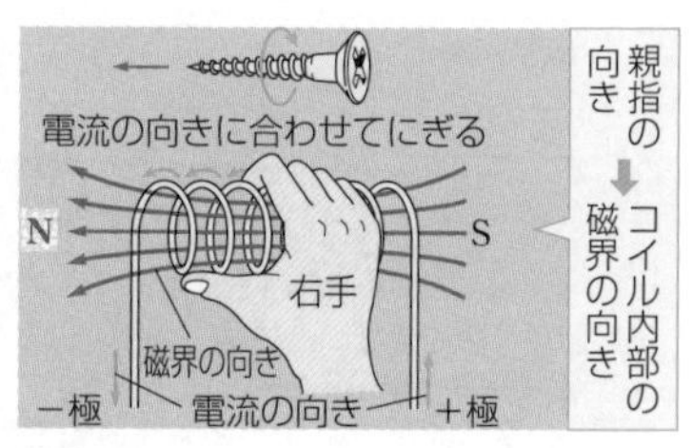

❸ 磁界から電流が受ける力

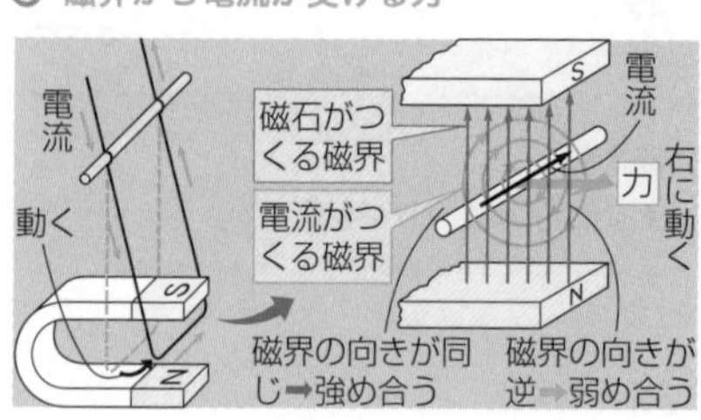

磁界の中で電流を流すと，電流は磁界から力を受ける。

電流の向き，磁界の向き，および力の向きは互(たが)いに直角になる。

② 磁界の変化と誘導(ゆうどう)電流の向き ★

コイルの中に磁石を出し入れして，コイルの中の磁界を変化させると，誘導電流が生じる。

誘導電流の向きは，磁石の極の違(ちが)いや，磁石の動く向きで変化する。

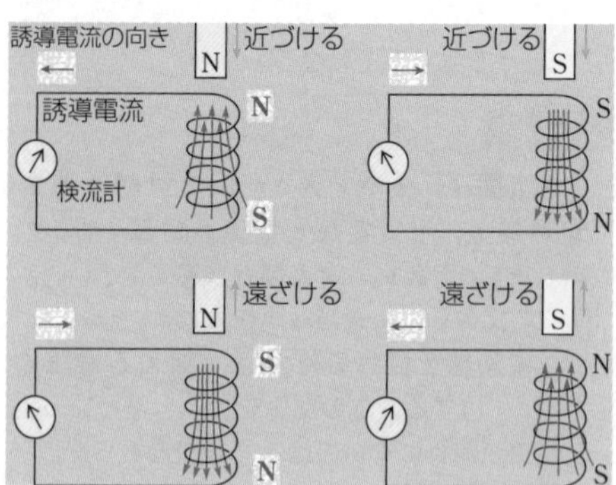

ここ重要

磁界の変化が大きいほど，生じる誘導電流は大きい。

入試では　電流が磁界から受ける力の向きや，電磁誘導による誘導電流の向きに関する問題が出題される。電力・熱量の計算問題にも注目。

part 1 社会　part 2 理科　part 3 数学　part 4 英語　part 5 国語

③ 電力，電力量，発熱量★★★

電力は，電気器具の能力の大小を表す量で，単位はワット(W)で表す。

❶ 電力〔W〕＝電圧〔V〕×電流〔A〕

❷ 電力量〔J〕＝電力〔W〕×時間〔s〕

❸ 電流によって発生する熱量〔J〕

＝電力〔W〕×時間〔s〕

❹ 水が得た熱量〔J〕

＝4.2〔J〕×水の質量〔g〕

×上昇(じょうしょう)した温度〔℃〕

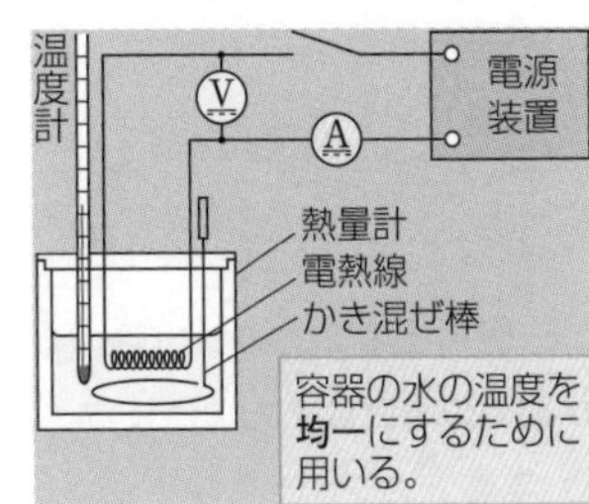

ここ重要

- 電力〔W〕＝電圧〔V〕×電流〔A〕
- 電力量〔J〕＝電力〔W〕×時間〔s〕

④ 陰極線(いんきょくせん)(電子線)★

❶ 真空放電管に高い電圧をかけると－(マイナス)極から出る線を陰極線(電子線)という。

❷ 陰極線は－の電気をもった小さな粒子(りゅうし)の流れで，これを電子という。

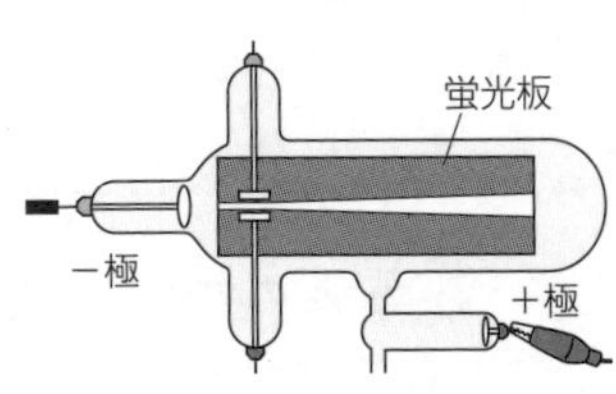

過去問　〔徳島－改〕

次の文を読み，あとの問いに答えなさい。

右の図のように，コイルに棒磁石のN極を矢印の向きに入れると，検流計の針が右に振(ふ)れた。これに続けて，次の操作①，②を行うと，それぞれの操作で検流計の針はどうなるか。下の**ア**～**ウ**から**1**つずつ選べ。

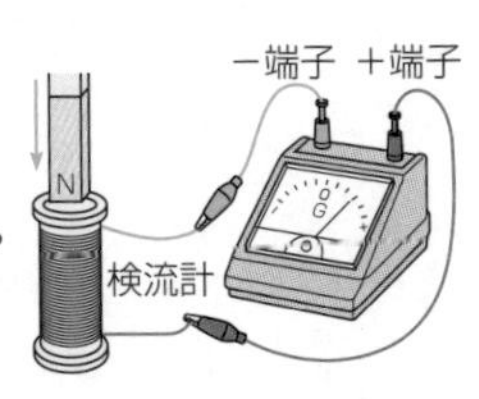

操作　①N極をコイルに入れたままにする。　②N極をコイルから出す。

ア　右に振れる。　**イ**　左に振れる。　**ウ**　どちらにも振れない。

①ウ　②イ

月　日

5. 力の合成・分解と運動のようす

① 2力の合成 ★★★

❶ 一直線上（2力が同じ向き）

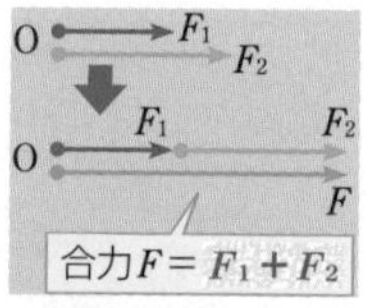

❷ 一直線上（2力が反対の向き）

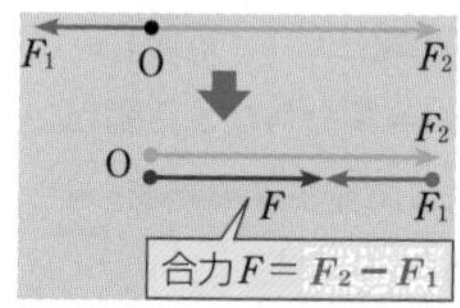

一直線上の2力の合力は，力の向きが同じ場合は2力の和に，力の向きが反対の場合は2力の差になる。

❸ 平面上の2力

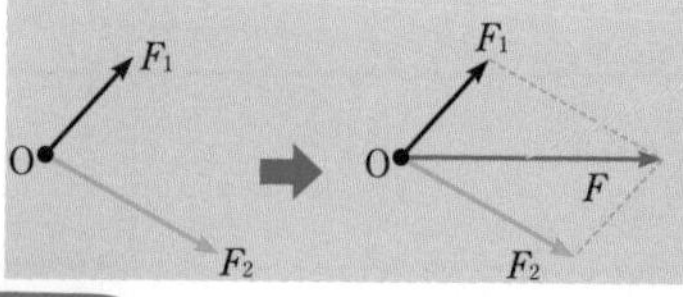

合力F＝平行四辺形の対角線

平行四辺形の法則

対角線の長さが，合力の大きさになる。

ここ重要

平面上の2力の合力➡2力を各辺とする平行四辺形の対角線に等しい。

② 斜面（しゃめん）上の物体の重力の分解 ★★★

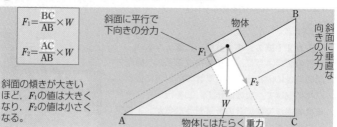

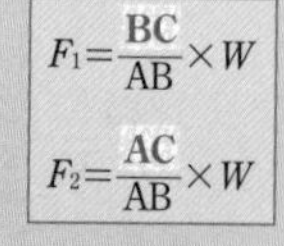

斜面の傾きが大きいほど，F_1の値は大きくなり，F_2の値は小さくなる。

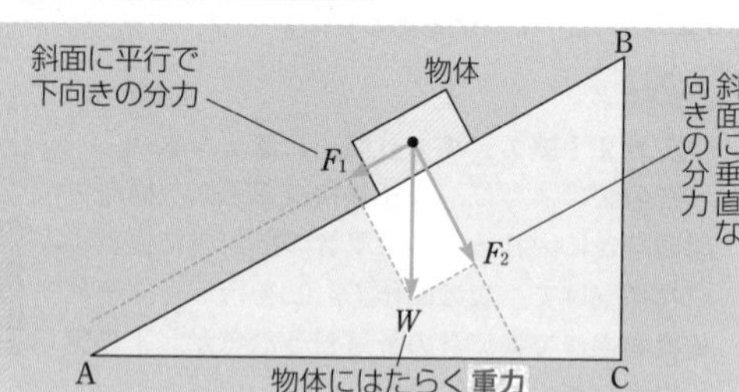

ここ重要

斜面上の物体の重力➡斜面に平行で下向きの分力と，斜面に垂直な向きの分力に分解できる。

入試では　力の合成・分解の作図の問題，記録タイマーの結果から運動のようすを考えたり，速さを求めるような問題がよく出題される。

③ 記録タイマー★★

❶ 打点の読み方

●50 Hzの場合→1秒間に50回打点　●60 Hzの場合→1秒間に60回打点

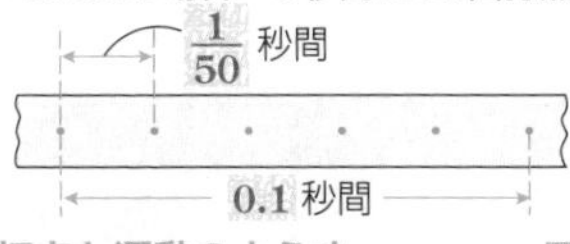

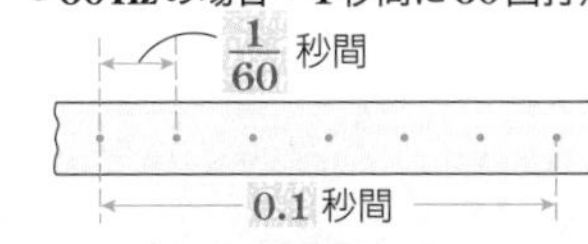

❷ 打点と運動のようす

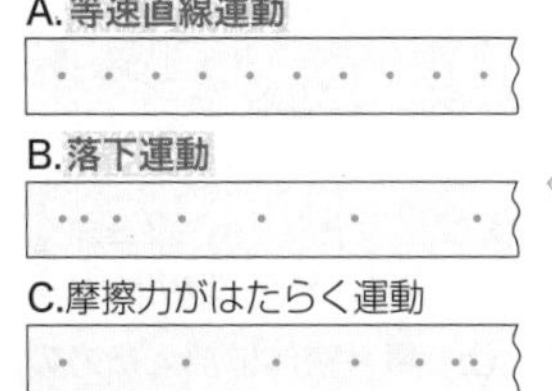

C.摩擦力がはたらく運動

速さと時間の関係をグラフに表すと

A 速さ 0 0 時間
B 速さ 0 0 時間
C 速さ 0 0 時間

ここ重要

記録タイマーでの速さの求め方

速さ〔cm/s〕=0.1秒間に進んだ距離(きょり)〔cm〕÷0.1〔s〕

④ 速さが変わらない運動★★

❶ 一直線上を一定の速さで進む運動を等速直線運動という。

❷ 外から力を加えないかぎり，静止している物体は静止し続け，運動している物体は等速直線運動を続ける。これを慣性の法則という。

過去問　〔長崎－改〕

次の文を読み，あとの問いに答えなさい。

右の図は，斜面(しゃめん)上のA点から，水平面に向けて球を転がしたときの $\frac{1}{10}$ 秒ごとの球の位置を描いたものである。

（水平面BEでは摩擦がなく，球の位置の間隔は等しい。）

A　20 cm　B C D E

⑴CD間は 20 cm であった。CD間の球の速さは何 cm/s か。

⑵BE間の球の運動を何というか。

⑴40 cm/s　⑵等速直線運動

月　日

6. 仕事とエネルギー

1 仕　事 ★★★

10 N の物体を❶〜❸の方法で 1 m 持ち上げた。（滑車（かっしゃ），ひもの重さや摩擦（まさつ）の大きさは考えない。）

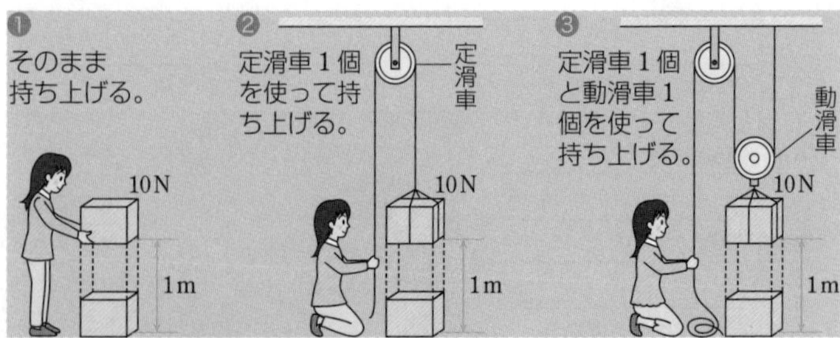

方　法	❶	❷	❸
加えた力の大きさ〔N〕	10	10	5
力の向きに動いた距離〔m〕（ひもを引いた距離）	1	1	2
仕事の大きさ〔J〕	10	10	10

仕　事＝物体に加えた力の大きさ×力の向きに動いた距離（きょり）

❶の仕事＝10 N × 1 m
＝10 J

ここ注意！

道具や機械を使っても仕事の量は変わらない➡仕事の原理

2 仕事率 ★★

1 秒間にする仕事を仕事率といい，単位にはワット〔W〕を用いる。

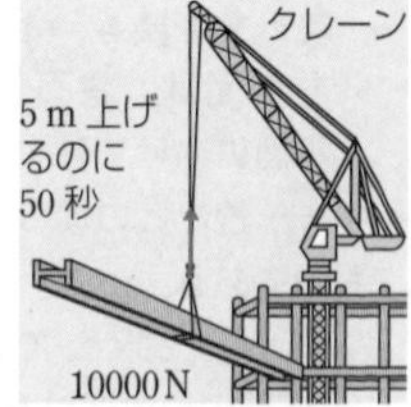

クレーンの仕事＝5 m×10000 N
＝50000 J

要した時間＝50 s

仕事率＝50000 J÷50 s＝1000 W

ここ重要

仕事率〔W〕＝仕事〔J〕÷要した時間〔s〕

斜面や滑車を使った仕事や仕事率の問題がよく出題されている。
エネルギーの移り変わりを示すグラフの問題もよく見られる。

③ 位置エネルギーと運動エネルギー ★★

❶ **位置エネルギー**…高い所にある物体のもつエネルギー。物体の位置が**高い**ほど，**質量**が大きいほど大きい。

❷ **運動エネルギー**…運動している物体のもつエネルギー。物体の速さが**はやい**ほど，**質量**が大きいほど大きい。

④ 力学的エネルギーの保存 ★★

❶ **振り子のエネルギー**…振り子がAからEへ移動した。

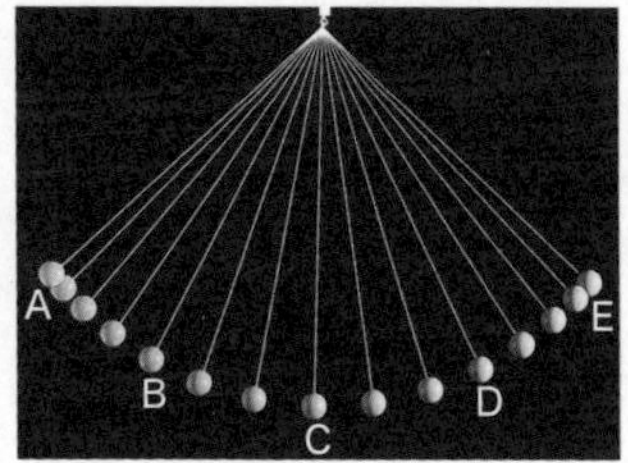

振り子の動き	A →	B →	C →	D →	E
運動エネルギー	0	増加	最大	減少	0
位置エネルギー	最大	減少	0	増加	最大

例えば，B点を通過するおもりは，位置エネルギーと運動エネルギーを同時にもっている。

❷ **力学的エネルギーの保存**…位置エネルギーと運動エネルギーの和を**力学的エネルギー**といい，つねに一定に保たれている。

ここ重要

位置エネルギー＋運動エネルギー＝力学的エネルギー（一定）

過去問 〔京都一改〕

次の文を読み，あとの問いに答えなさい。

右の図は，Aさんが滑車を使って，なめらかな斜面上にある150 Nの物体を，高さ2 mの台の上に引き上げるようすを示したものである。

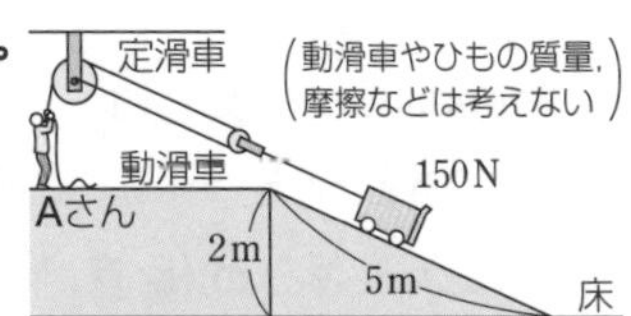

(1)Aさんが物体を引き上げるのに必要な力の大きさは何 N か。

(2)Aさんが物体を床面から 2 m の高さの台の上まで引き上げるのに，15 秒かかった。このときのAさんの仕事率は何 W か。

(1) **30 N**　(2) **20 W**

月　日

7. エネルギーとその移り変わり

1 いろいろなエネルギー ★★

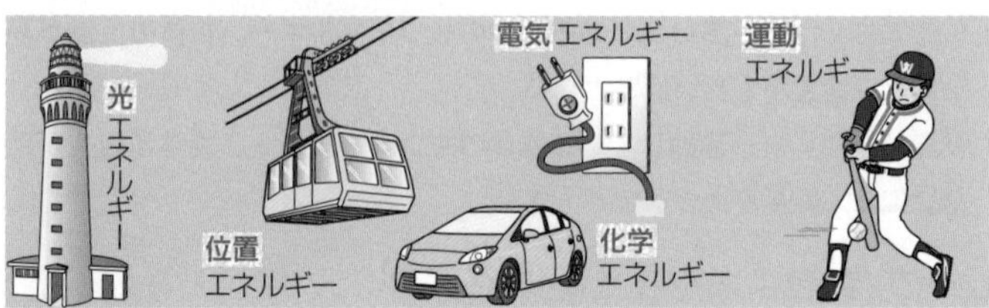

ここ重要

物体を変形させたり，運動，熱，音，電流などを生じさせる力をもつものは，エネルギーをもっているという。

2 エネルギーの移り変わり ★★

❶ 手回し発電機で，豆電球を点灯させる。
運動エネルギー→電気エネルギー→光エネルギー

❷ 水力発電所で発電する。
位置エネルギー→運動エネルギー→電気エネルギー

❸ 光電池に光をあて，電子オルゴールを鳴らす。
光エネルギー→電気エネルギー→音エネルギー

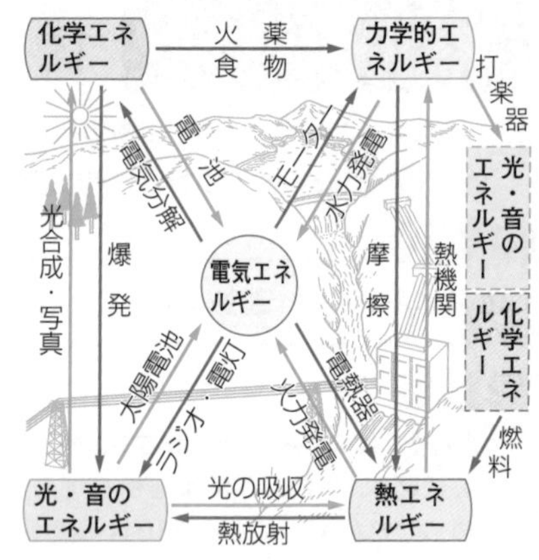

3 エネルギーの保存 ★★★

❶ ジェットコースターは位置エネルギーを運動エネルギーに変えて走るが，摩擦(まさつ)力や空気の抵抗(ていこう)により，力学的エネルギーは減少する。

❷ 上の例で，熱エネルギーや音エネルギーなどによって減少したエネルギーなども含(ふく)めると，エネルギーの総和は変化せず，保存される。

入試では　エネルギーの利用が環境にあたえる問題点としてどのようなものがあるかを問う問題がよく出題される。

④ 環境(かんきょう)にやさしいエネルギー　★★★

風力発電は風の力で，波力発電は波の力で，水力発電は落下する水の力で，地熱発電は地下のマグマの熱であたためられた水蒸気で，発電機のタービンを回し，電気をつくる。

太陽光発電は，ソーラーパネルにより光エネルギーを電気エネルギーに変える。また，水素が酸素と化合する化学反応を利用して電気エネルギーを得る燃料電池は，将来の重要な電力源として期待されている。このような，太陽の光や熱，風力，水力，地熱などは再生可能エネルギーとよび，環境に与え(あた)る影響(えいきょう)が少ない。

△風力発電

△地熱発電

過去問　〔熊本一改〕

次の文を読み，あとの問いに答えなさい。

右の図のような装置で，モーターの軸(じく)に羽根車をとりつけ，水蒸気で羽根車を回転させると，接続した検流計の針が振(ふ)れた。

水蒸気
モーター
沸騰した湯
羽根車
検流計

(1)次の文の(　)にあてはまる語を答えよ。

この装置で得られた電気エネルギーは化石燃料であるガスのもっていた化学エネルギーが，(①　　)エネルギー→(②　　)エネルギー→電気エネルギーの順に変換(へんかん)されてきたものである。

(2)(1)と同じ原理の発電方法は，水力発電・風力発電・火力発電のどれか。

解答　(1)①熱　②運動　(2)火力発電

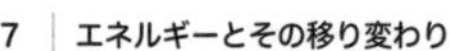

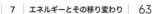

化学

8. 身のまわりの物質の性質

月　日

1 ガスバーナーの使い方 ★★

❶ 火のつけ方，炎の調節

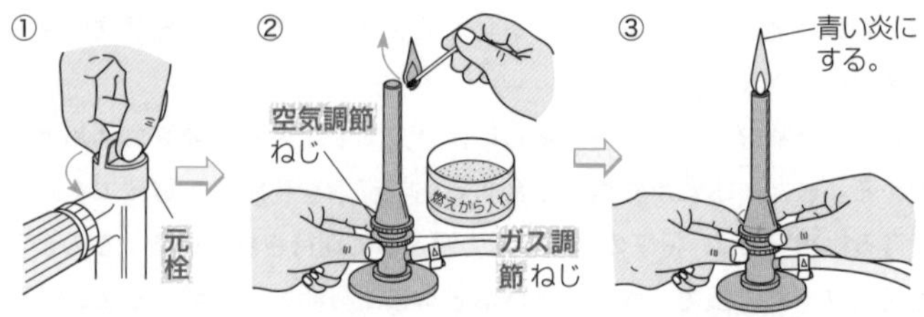

①2つの調節ねじが閉まっていることを確かめてから，ガスの元栓を開く。

②マッチに火を近づけ，**ガス調節**ねじを少しずつ回して火をつける。

③炎を適当な大きさにしてから，ガス調節ねじをおさえて，**空気調節**ねじを回し，炎の色を**青色**にする。

❷ **火の消し方**…火をつけるときの逆の順序で，**空気調節ねじ**→**ガス調節ねじ**→**元栓**の順に閉めて，火を消す。

ここ注意！
ガスバーナーは，炎の色を青色に調節して使用する。

2 水の状態変化と温度 ★

❶ 氷がとけ始めてから全部とけ終わるまでは，温度が**0℃**のままで変化しない。この温度を**融点**という。〔この間に加えられた熱は氷がとけるためのエネルギー(**融解熱**)として使われる。〕

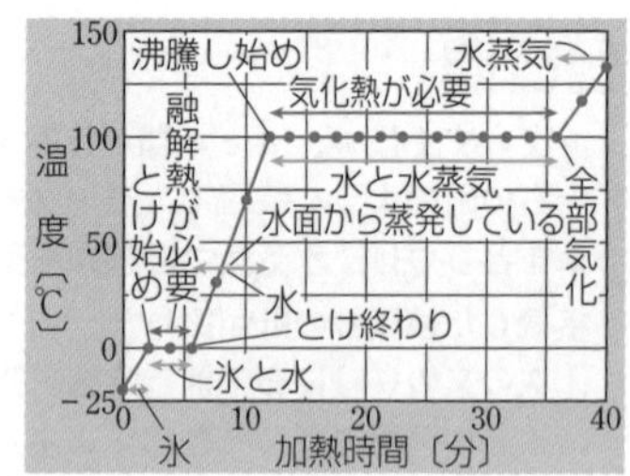

❷ 水が沸騰し始めてから全部気化するまでは，温度が**100℃**のまま変化しない。この温度を**沸点**という。〔この間に加えられた熱は水が水蒸気になるためのエネルギー(**蒸発熱**)として使われる。〕

ここ重要
純粋な物質の融点・沸点は物質(の種類)によって決まっている。

入試では　基本的な実験器具の操作や密度の計算，状態変化と温度の関係のグラフ，プラスチックの性質などがポイントとなる。

3 物質の密度 ★★★

体積 1 cm^3 あたりの質量を密度（単位は g/cm^3）という。密度は物質によって決まっているので，物質の識別ができる。

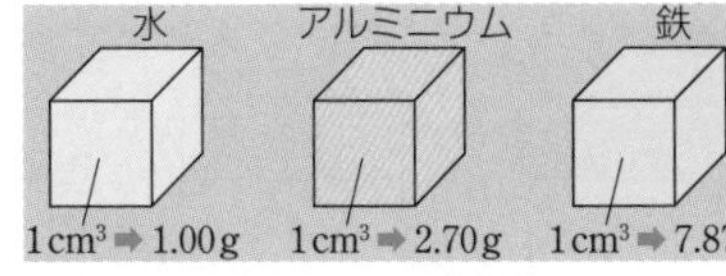

ここ重要

$$密度〔g/cm^3〕=\frac{物質の質量〔g〕}{物質の体積〔cm^3〕}$$

4 物質を燃やして調べる（有機物と無機物） ★★

いろいろな物質を燃やして発生する気体を石灰水（せっかいすい）で調べる。

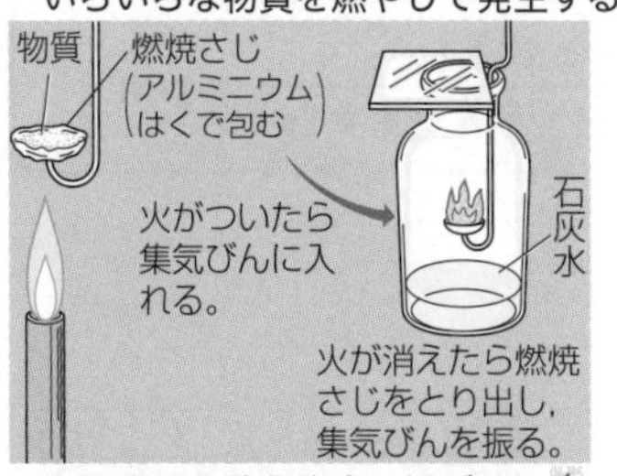

燃やした物質	石灰水の変化
砂　糖	白く濁った
スチールウール	変化なし
紙	白く濁った
食　塩	変化なし
ポリエチレン	白く濁った
ガラス	変化なし
ポリスチレン	白く濁った

石灰水は二酸化炭素と混ざると白く濁る（にごる）。プラスチックは有機物である。

ここ重要

加熱すると炭になったり，燃やすと二酸化炭素を発生する物質を一般に有機物という。有機物以外の物質を無機物という。

過去問

4つの金属A～Dのそれぞれの体積と質量を測定し，右の表を作成した。次の問いに答えなさい。

	体積〔cm³〕	質量〔g〕
A	10.0	78.7
B	10.0	105.0
C	20.0	142.8
D	20.0	157.4

(1) 金属Cの密度を求め，単位をつけて答えよ。
(2) 金属Aと同じ物質は，金属B～Dのどれか。

(1) 7.14 g/cm^3　(2) 金属D

月　日

9. 気体と水溶液

① 水溶液と水溶液の濃度 ★★

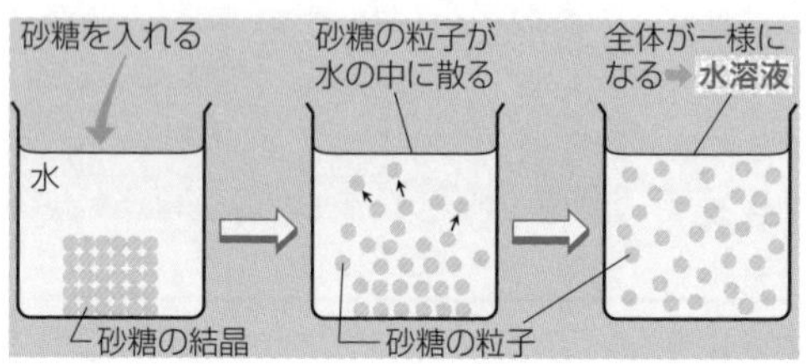

水溶液の多くは無色透明であるが，硫酸銅水溶液のように色がついていて透明なものもある。

物質を溶かしている液体を溶媒，溶けている物質を溶質という。

溶媒 ＋ 溶質 ⟶ 溶液

ここ重要

$$水溶液の濃度〔\%〕= \frac{溶質の質量〔g〕}{水の質量〔g〕+溶質の質量〔g〕} \times 100$$

② 溶解度 ★★

一定量の水に溶かすことができる物質の限度の量を，その物質の溶解度という。

❶ 物質が固体の場合…水 100 g に溶かすことができる固体の物質の質量で表す。

❷ 物質が気体の場合…水 1 L に溶かすことができる気体の物質の体積で表す。

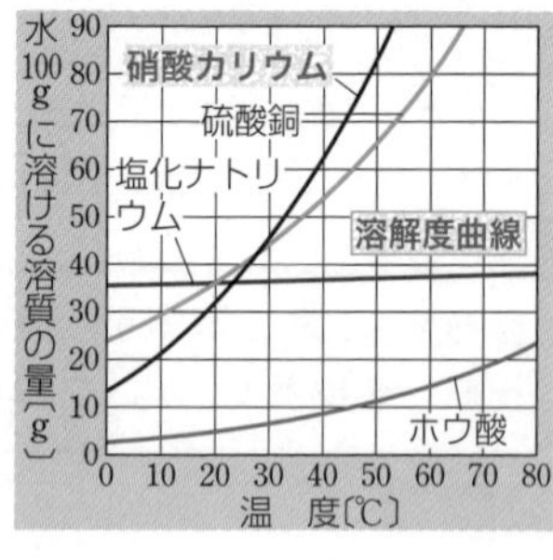

❸ 物質の溶解度は，水の温度によって変化する。

ここ注意!

▸物質をそれ以上溶かすことのできない水溶液を飽和水溶液という。

▸溶解度とは，水 100 g に溶かすことができる物質の質量。

入試では　この単元では気体の発生の方法や集め方，水溶液の濃度，溶解度などがポイントとなる。

③ 気体の発生の方法と集め方 ★★★

❶ 二酸化炭素

▶発生方法…石灰石や貝殻などにうすい塩酸を加える。

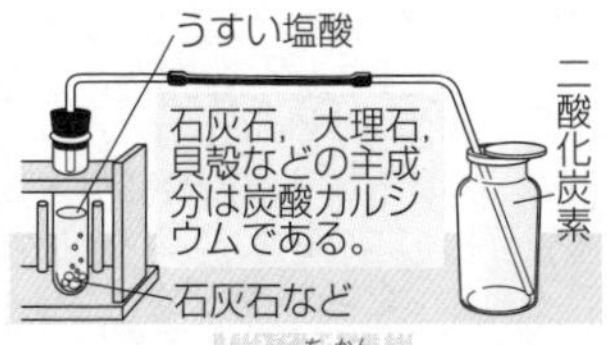

▶集め方…下方置換法（空気より重く，水に溶けやすい気体）

❷ 酸　素

▶発生方法…うすい過酸化水素水を分解する。

▶集め方…水上置換法（水に溶けにくい気体）

❸ 水　素

▶発生方法…金属と酸を反応させる。

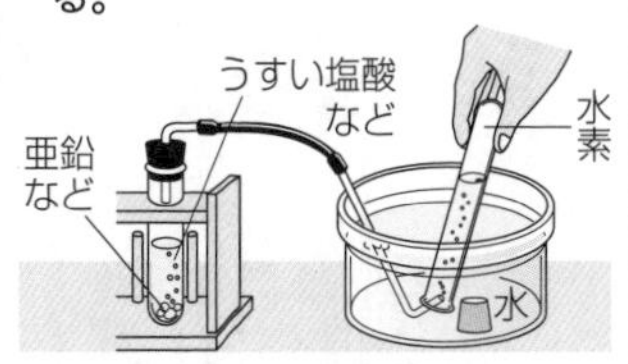

▶集め方…水上置換法（図の方法の場合，水に溶けにくい気体）

❹ アンモニア

▶発生方法…塩化アンモニウムと水酸化カルシウムの混合物を加熱する。

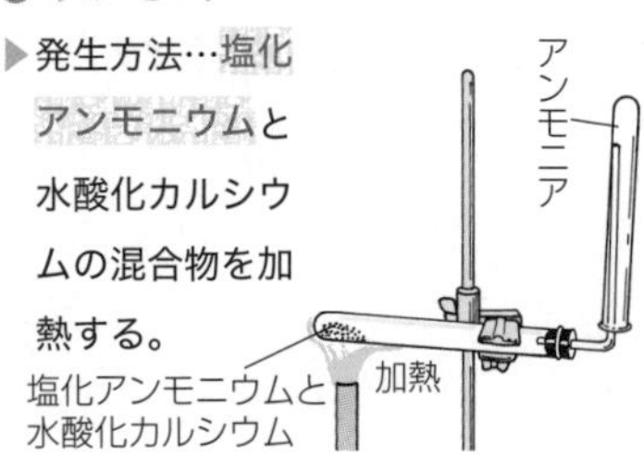

▶集め方…上方置換法（空気より軽く，水に溶けやすい気体）

過去問　〔長崎一改〕

アンモニアについて，次の問いに答えなさい。

塩化アンモニウムと水酸化カルシウム

(1) 図のような気体の集め方を，何というか。

(2) (1)の集め方は，アンモニアの性質と関係している。(　)にあてはまる語句を入れよ。

アンモニアは水に(①　　)く，また，空気より(②　　)い。

解答　(1)上方置換法　(2)①溶けやす　②軽

月　日

10. 化学変化と原子・分子

① 炭酸水素ナトリウムの熱による分解 ★★★

炭酸水素ナトリウム $\xrightarrow{\text{熱分解}}$ 炭酸ナトリウム ＋ 水 ＋ 二酸化炭素
$2NaHCO_3$ → Na_2CO_3 ＋ H_2O ＋ CO_2

炭酸水素ナトリウム ➡ 炭酸ナトリウム

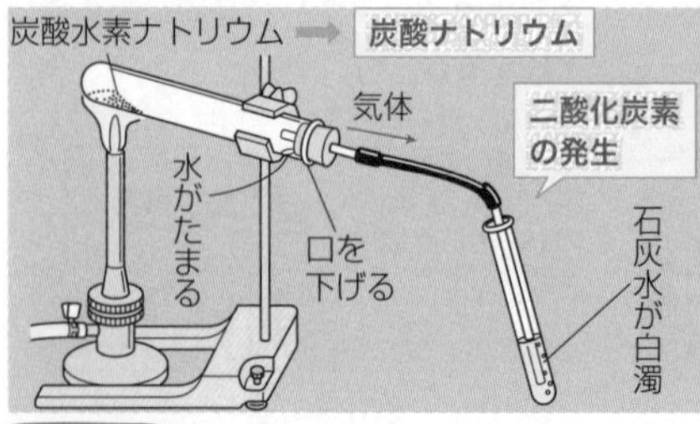

炭酸水素ナトリウムも炭酸ナトリウムも白色粉末であるため，見た目には区別がつかないが，炭酸ナトリウムの水溶液は水によく溶け，フェノールフタレイン液で赤くなる。

ここ重要

1種類の物質が2種類以上の物質に分かれる化学変化➡分解

② 水の電気分解 ★★★

水 $\xrightarrow{\text{電気分解}}$ 水素 ＋ 酸素
$2H_2O$ → $2H_2$ ＋ O_2

純粋な水は電流を流さない。そこで**水酸化ナトリウム**や硫酸を加えて電流を流しやすくし，電気分解を行う。

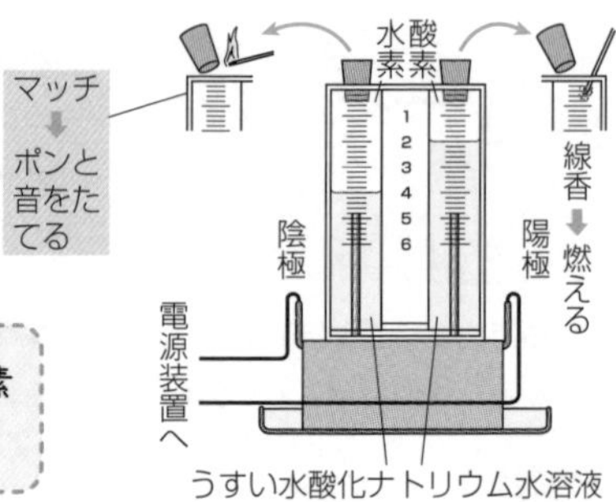

ここ注意!

水の電気分解で発生する水素と酸素の体積の割合は2：1

③ 原子の性質 ★★

❶ 分割しない。

❷ 化学変化により，新しく生まれない，変わらない，消滅しない。

❸ 種類により，大きさ，質量が異なる。

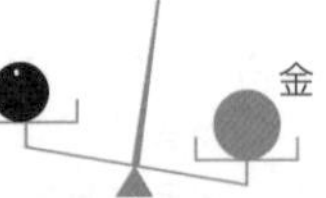

原子…物質をつくっている最小の粒。
分子…物質としての**性質**をもつ最小の粒。

炭酸水素ナトリウムの熱分解や水の電気分解の問題はよく出題される。実験操作や気体の発生に関する問題もよく出題される。

④ 物質の結びつき ★★★

鉄と硫黄の混合物をつくり，一方は加熱せず，一方は加熱を行う。

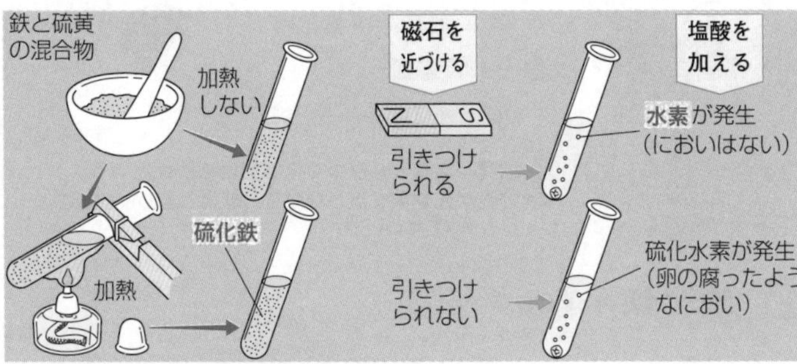

❶ 加熱による化学変化のようす

鉄 ＋ 硫黄 ⟶ 硫化鉄

❷ 加熱による化学変化を化学反応式で表す。

$$Fe + S \longrightarrow FeS$$

ここ注意！

2種類以上の物質から性質の違う別の1種類の物質ができる化学変化によってできた物質を化合物という。

過去問

〔茨城ー改〕

次の文を読み，あとの問いに答えなさい。

炭酸水素ナトリウムを試験管に入れ，右の図のように加熱したところ，気体が発生し，試験管Aの口に液体が付着した。

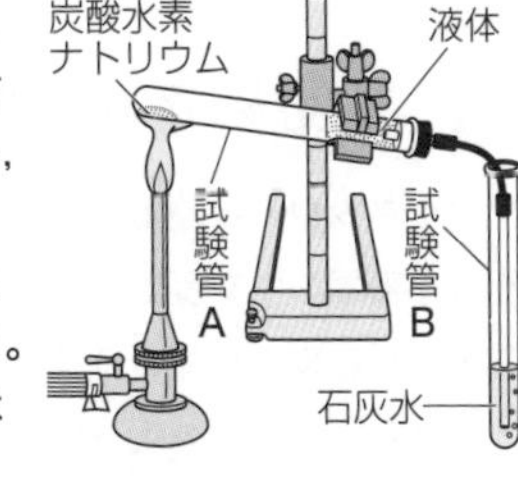

(1)試験管Bの石灰水は，発生した気体で白く濁った。この気体は何か。化学式で答えよ。

(2)この実験で，試験管Aの口についた液体は何か。化学式で答えよ。

(3)この実験で，試験管Aの口を下げて加熱する理由を答えよ。

(1)CO_2　(2)H_2O　(3)生じた水により試験管が割れるのを防ぐため。

月　日

11. 化学変化と物質の質量

① 銅の酸化 ★★★

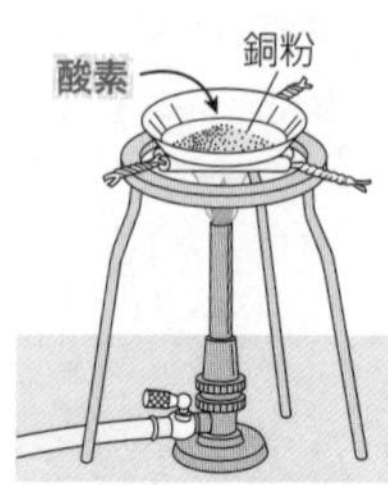

❶ 化学反応のようす

銅 ＋ 酸素 ⟶ 酸化銅

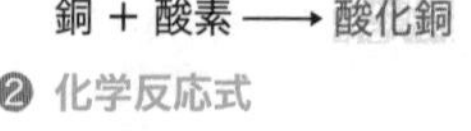

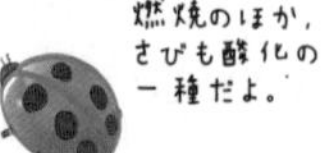

❷ 化学反応式

$2Cu + O_2 \longrightarrow 2CuO$

- 物質が酸素と結びつく化学変化を酸化という。
- 物質が光や熱を出しながら，酸素と激しく結びつくことを燃焼という。

② 酸化銅の還元（かんげん） ★★

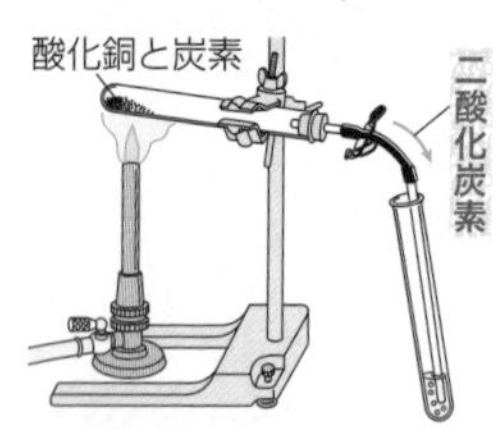

❶ 化学反応のようす

酸化銅 ＋ 炭素 ⟶ 銅＋二酸化炭素

❷ 化学反応式

$2CuO + C \longrightarrow 2Cu + CO_2$

・酸化銅を水素で還元する方法もある。

$CuO + H_2 \longrightarrow Cu + H_2O$

ここ注意！

▶酸化➡物質が酸素と結びつくこと。酸化物ができる。

▶還元➡酸化物から酸素を奪う（うばう）化学反応。

③ 質量保存の法則 ★★

マグネシウムと酸素を密閉した容器の中で反応させると，反応後も全体の質量は変化しない。このように化学反応前後の質量の総和は変化しないことを質量保存の法則という。

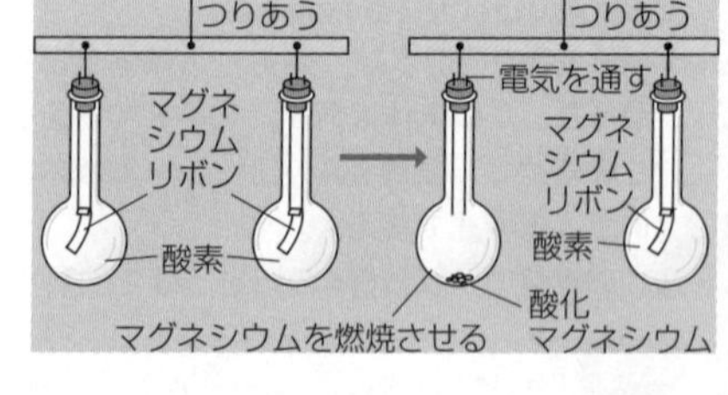

入試では　銅，マグネシウムの酸化の問題，炭素による酸化銅の還元がよく出題される。また，金属の質量と酸素の質量の比もよく見られる。

④ 金属を加熱したときの質量の変化★★★

空気中で加熱した金属の質量と酸化によりできた酸化物の質量は比例する。金属酸化物中の金属の質量と酸素の質量の比は，一定である。

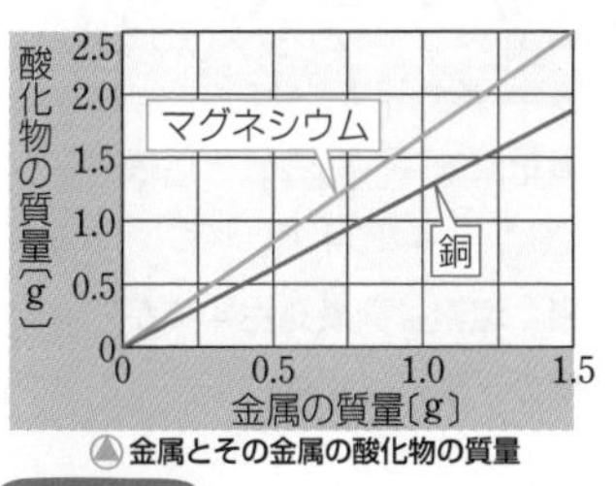

▲金属とその金属の酸化物の質量

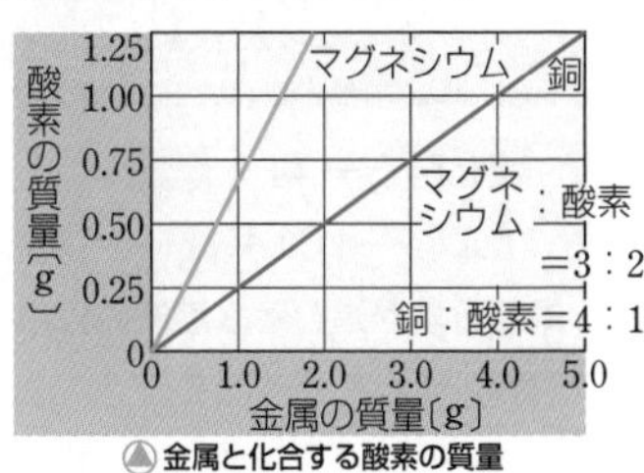

▲金属と化合する酸素の質量

ここ重要

1つの化合物中の成分元素の質量の割合は一定である。

過去問　〔大分－改〕

次の文を読み，あとの問いに答えなさい。

酸化銅 4.00 g と炭素 0.50 g をよく混ぜて試験管に入れ，ガスバーナーで加熱すると気体が発生し，石灰水(せっかいすい)が白く濁(にご)った。気体の発生がとまったらガラス管を石灰水から抜(ぬ)き，火を消し，ピンチコックでゴム管を閉じた。試験管が冷えたあと試験管内の物質の質量は 3.40 g であった。

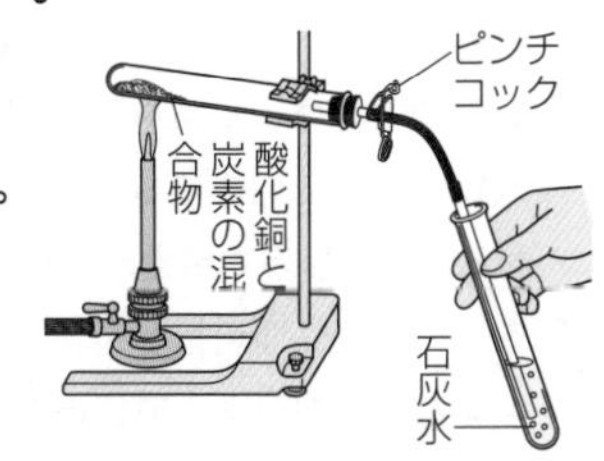

(1)酸化銅が炭素によって銅に還元(かんげん)されるときの化学反応式を書け。

(2)酸化された炭素は何 g か。酸化銅はすべて還元されたものとする。ただし，酸化銅中の銅と酸素の質量の比は4：1である。

解答　(1)$2CuO + C \longrightarrow 2Cu + CO_2$　(2)**0.30 g**

月　日

12. イオンと電気分解

1 電気分解 ★★★

❶ 塩化銅水溶液の電気分解

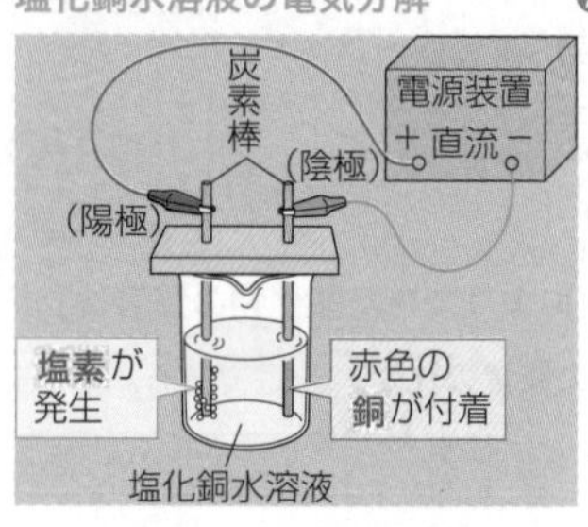

塩化銅 ⟶ 銅 ＋ 塩素

$CuCl_2 \longrightarrow Cu + Cl_2$

電気分解が進むと水溶液の青色(青緑色)はうすくなる。

❷ 塩酸の電気分解

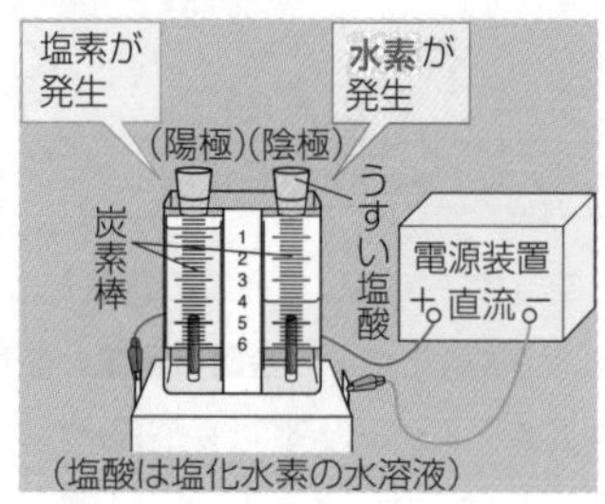

塩化水素 ⟶ 水素 ＋ 塩素

$2HCl \longrightarrow H_2 + Cl_2$

水素と塩素は同量発生するが，塩素の一部は水に溶ける。

2 イオン，電解質と非電解質 ★★

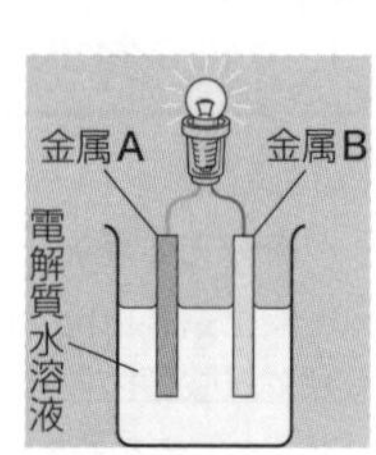

❶ 電気をもった原子をイオンといい，陽イオン（＋イオン）と陰イオン（－イオン）がある。

❷ 水に溶かしたとき，電流が流れる物質を電解質，電流が流れない物質を非電解質という。

❸ 右の図のように，電解質水溶液に 2 種類の金属を入れ，それを電極にして回路をつくると電流が流れる。このような電池を化学電池，または単に電池という。

❹ うすい硫酸に亜鉛板と銅板を入れて導線につなぐと，銅板から水素が発生する。このとき，亜鉛板の亜鉛原子は電子を 2 個失い，亜鉛イオンになって水溶液中に溶け出すことから，電池の－極になる。

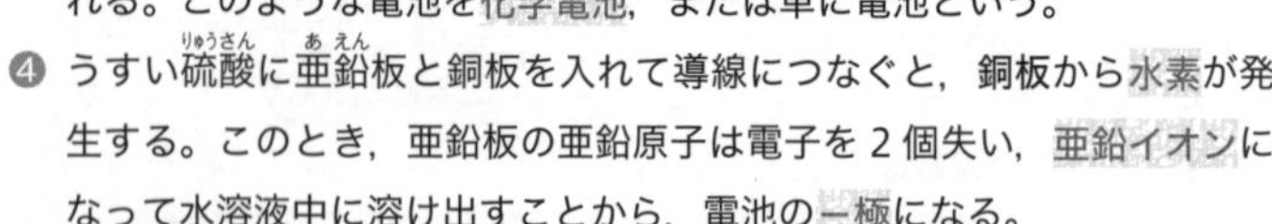

ここ注意!

うすい硫酸に亜鉛板と銅板を入れて，導線を接続すると，亜鉛板が－極，銅板が＋極になる。

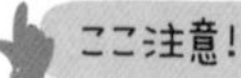

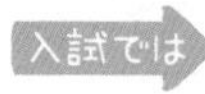

塩化銅水溶液や塩酸の電気分解では，陽極・陰極での変化を問う問題が，電池では電子の移動や電流の向きが出題されている。

③ 塩酸の電気分解とイオンの動き ★★★

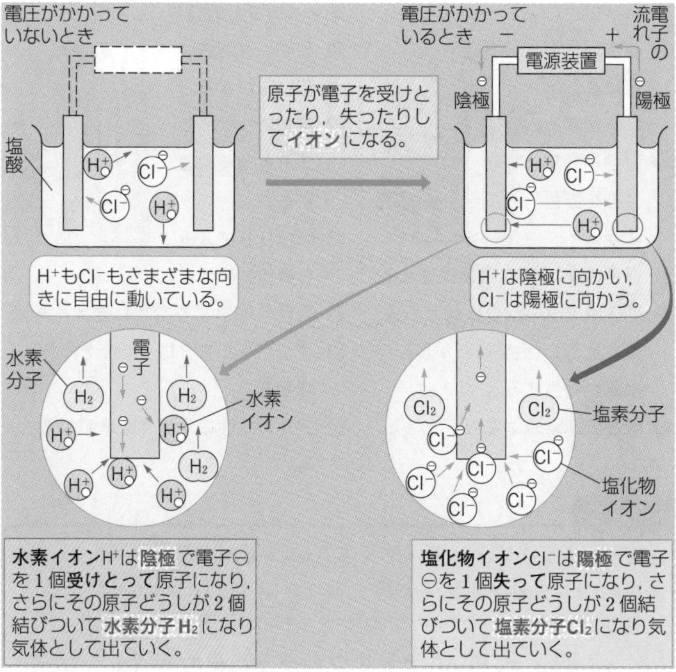

電圧がかかっていないとき

塩酸

H^+　Cl^-　Cl^-　H^+

H^+もCl^-もさまざまな向きに自由に動いている。

原子が電子を受けとったり，失ったりして**イオン**になる。

電圧がかかっているとき　－　＋

電子の流れ

電源装置

陰極　陽極

H^+　Cl^-　Cl^-　H^+

H^+は陰極に向かい，Cl^-は陽極に向かう。

水素分子　電子　水素イオン

H_2　H^+

塩素分子　塩化物イオン

Cl_2　Cl^-

水素イオンH^+は**陰極**で電子⊖を1個**受けとって**原子になり，さらにその原子どうしが2個結びついて**水素分子H_2**になり気体として出ていく。

塩化物イオンCl^-は**陽極**で電子⊖を1個**失って**原子になり，さらにその原子どうしが2個結びついて**塩素分子Cl_2**になり気体として出ていく。

過去問　〔三重一改〕

次の文を読み，あとの問いに答えなさい。

うすい塩酸に銅板と亜鉛(あえん)板を入れ，モーターをつないだところ，モーターが回った。

⑴うすい塩酸が電離(でんり)するようすを，イオンを表す式で表せ。

⑵電子の流れる向きは，銅板から亜鉛板，亜鉛板から銅板のどちらか。

⑶⑵から，＋極になるのは，銅板，亜鉛板のどちらか。

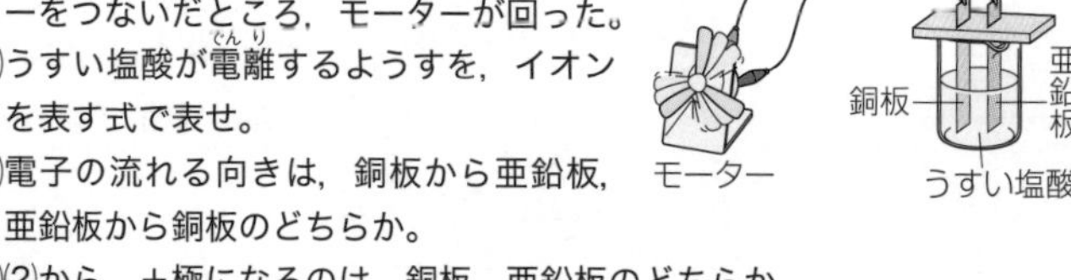

⑴$HCl \longrightarrow H^+ + Cl^-$　⑵亜鉛板から銅板　⑶銅板

月　日

13. 酸・アルカリとイオン

① 酸・アルカリの性質 ★★

▶酸の性質

❶ うすい水溶液はすっぱい味がする。

❷ 青色リトマス紙を赤色に変える。

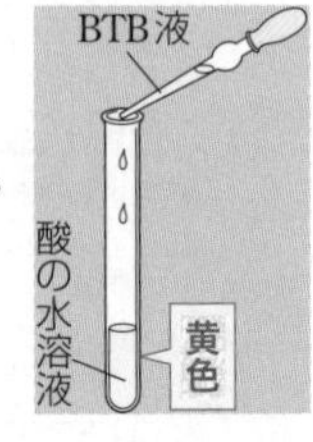

❸ 緑色のBTB液を黄色に変える。

❹ 亜鉛やマグネシウムなどの金属と反応し（金属をとかし），水素が発生する。

❺ 酸性の水溶液は電流が流れる。

▶アルカリの性質

❶ うすい水溶液は苦い味がする。

❷ 皮膚につけてこするとぬるぬるする。

❸ 赤色リトマス紙を青色に変える。

❹ 緑色のBTB液を青色に変える。

❺ フェノールフタレイン液を赤色に変える。

❻ アルカリ性の水溶液は電流が流れる。

ここ重要

▶酸に共通な性質は水素イオン（H^+）によるもの。

▶アルカリに共通な性質は水酸化物イオン（OH^-）によるもの。

② 塩酸と水酸化ナトリウム水溶液の中和 ★★★

塩酸に水酸化ナトリウム水溶液（**1**滴中にNa^+，OH^-が**1**組入っているものとする）を加えていく。

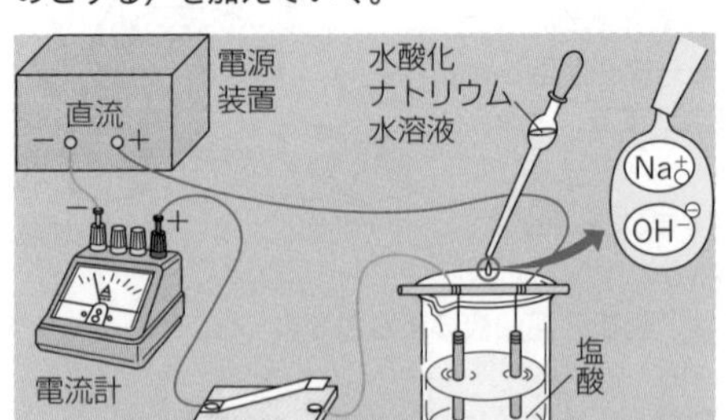

酸性→H^+がある。

中性→H^+もOH^-もない。

アルカリ性→OH^-がある。

塩酸と水酸化ナトリウム水溶液による中和はよく出る。特に試薬の色の変化やイオンの種類と数の変化は要チェック。

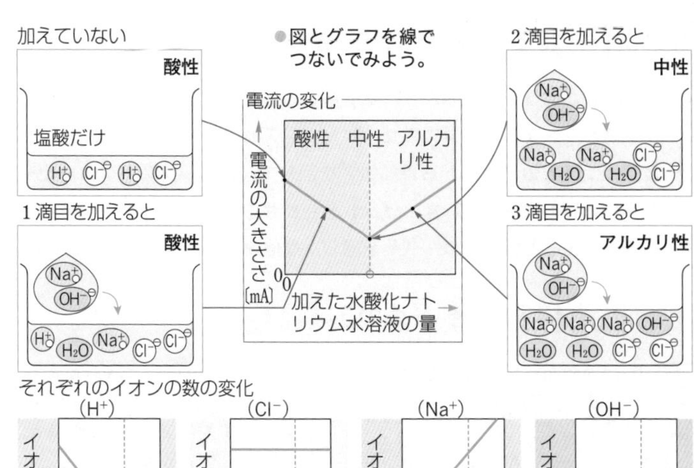

それぞれのイオンの数の変化

(H^+) (Cl^-) (Na^+) (OH^-)

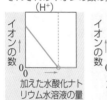

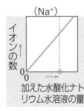

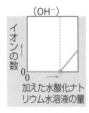

イオンの数

加えた水酸化ナトリウム水溶液の量

▶ $H^+ + OH^- \longrightarrow H_2O$ (水)

▶酸 ＋ アルカリ ⟶ 塩(えん) ＋ 水

過去問 〔沖縄－改〕

次の文を読み，あとの問いに答えなさい。

うすい塩酸 12 cm³ と 2〜3 滴(てき)の **BTB**液をビーカーに入れ，うすい水酸化ナトリウム水溶液を少量ずつ加えながら，液の色を調べ，表にその結果をまとめた。

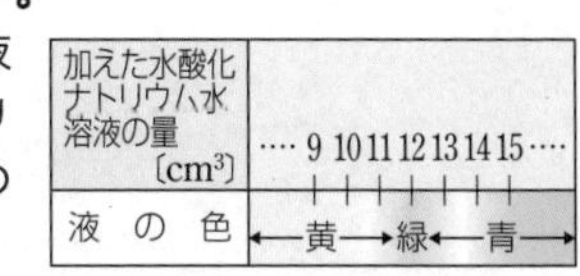

加えた水酸化ナトリウム水溶液の量〔cm³〕	····9 10 11 12 13 14 15····
液の色	←黄→緑←青→

⑴水酸化ナトリウム水溶液 8 cm³ を加えたときの液中における，Cl^-とH^+の数の比はいくらか。最も簡単な整数比で表せ。

⑵表中の緑色の混合液を蒸発皿にとり，水を蒸発させると何が残るか。

⑴Cl^-：H^+＝3：1 ⑵塩化ナトリウム(食塩，NaCl)

生物

月　日

14. 植物のからだのつくり

① 顕微鏡観察の操作手順 ★

❶ 視野全体が明るく見えるように反射鏡としぼり(板)を調節する。

❷ プレパラートをステージにのせ，対物レンズとの間を近づける。

❸ 接眼レンズをのぞきながら調節ねじを回して，対物レンズとプレパラートをじょじょに離していき，ピントを合わせる。

❹ 高倍率にするときはレボルバーを回し，高倍率の対物レンズで観察する。

② 被子植物の種子のでき方 ★★

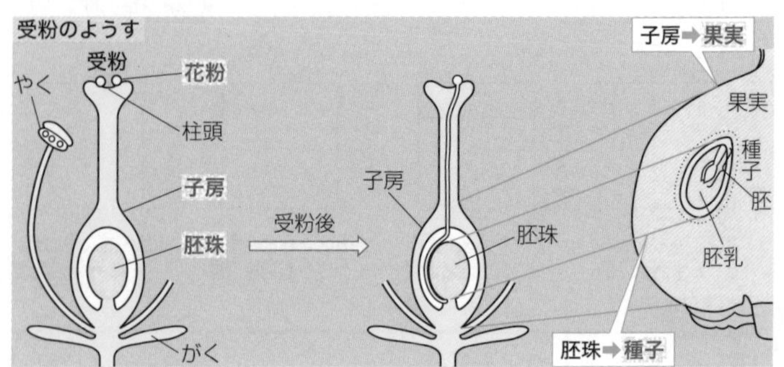

③ 維管束(茎) ★★

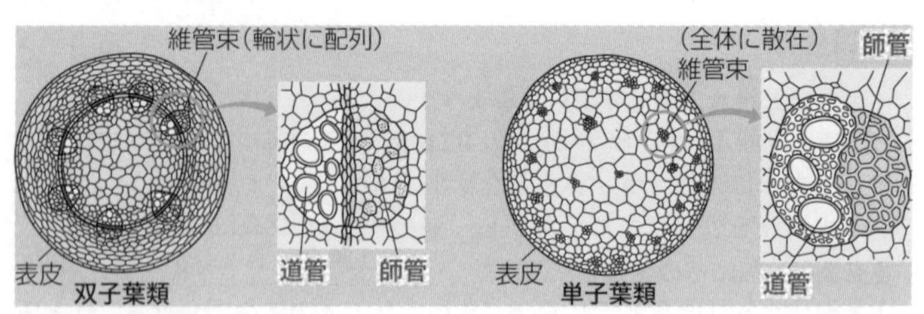

ここ注意!

維管束 ｛道管→水の通り道，茎では内側，葉では表側にある。
師管→栄養分の通り道，茎では外側，葉では裏側にある。

入試では　石灰水やBTB液を使った光合成と呼吸の対照実験や，エタノールやヨウ素液を使う光合成の実験はよく出題される。

④ 光合成でつくられるもの★★★

❶ 図の状態で一昼夜以上置く。（アルミニウムはくでおおった部分のデンプンを，呼吸により使いきるため。）

❷ エタノールの入ったビーカーは，直接火で加熱しない。引火して危険。

❸ アルミニウムはくでおおった部分は，ヨウ素デンプン反応がない。
➡光合成には光が必要。

❹ ふの部分には反応がない。➡光合成には葉緑体が必要。

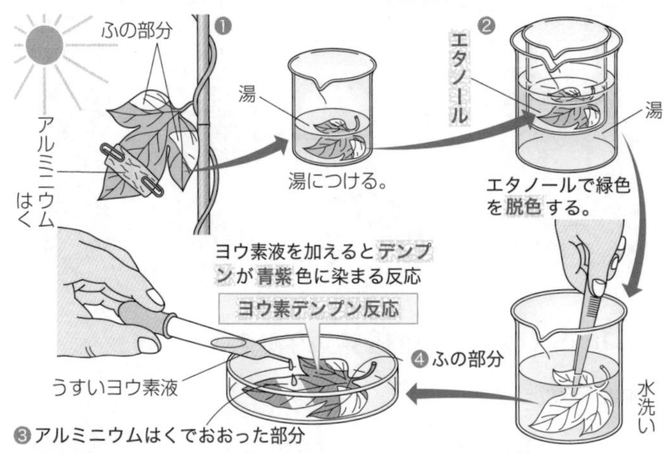

過去問　〔長崎－改〕

次の文を読み，あとの問いに答えなさい。

日光を十分あてたオオカナダモの葉を，熱湯に浸(ひた)したあと，あたためたエタノールにつけておいた。その葉を水洗いしてスライドガラスにのせ，ヨウ素液を落とし，カバーガラスをかけ観察すると，小さな粒(つぶ)は青紫(あおむらさき)色に染(そ)まっていた。

小さな粒

⑴小さな粒は何か。また，青紫色に染まったのは，何ができたからか。
⑵下線部の操作を行う理由を簡単に答えよ。

解答　⑴葉緑体，デンプン　⑵葉の緑色を脱色(だっしょく)するため。

15. 植物のなかま分け

① 被子(ひし)植物の分類 ★★

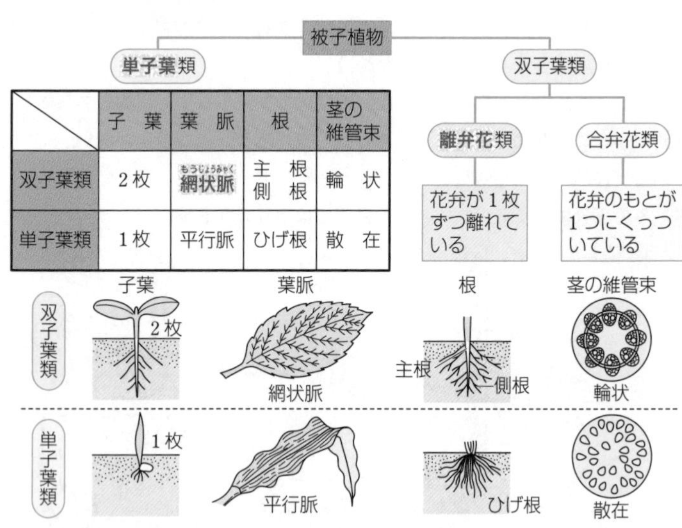

	子葉	葉脈	根	茎の維管束
双子葉類	2枚	網状脈(もうじょうみゃく)	主根 側根	輪状
単子葉類	1枚	平行脈	ひげ根	散在

② 種子をつくらない植物のなかま ★

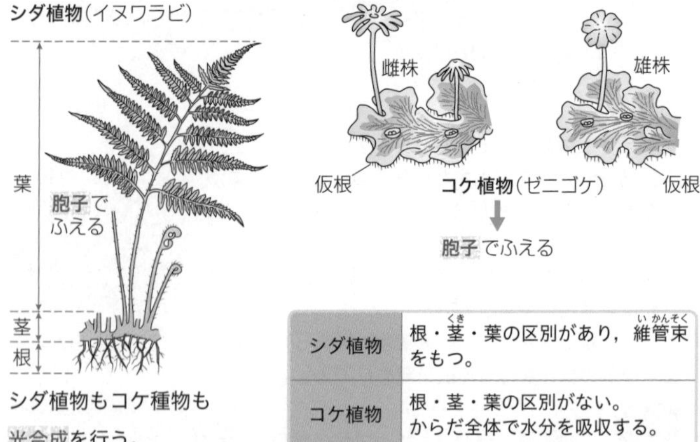

シダ植物	根・茎(くき)・葉の区別があり，維管束(いかんそく)をもつ。
コケ植物	根・茎・葉の区別がない。 からだ全体で水分を吸収する。

シダ植物もコケ種物も光合成を行う。

入試では　植物の分類では双子葉類と単子葉類の出題が多い。また，種子植物とシダ植物，コケ植物のなかま分けにも注目すること。

③ 植物の分類★★★

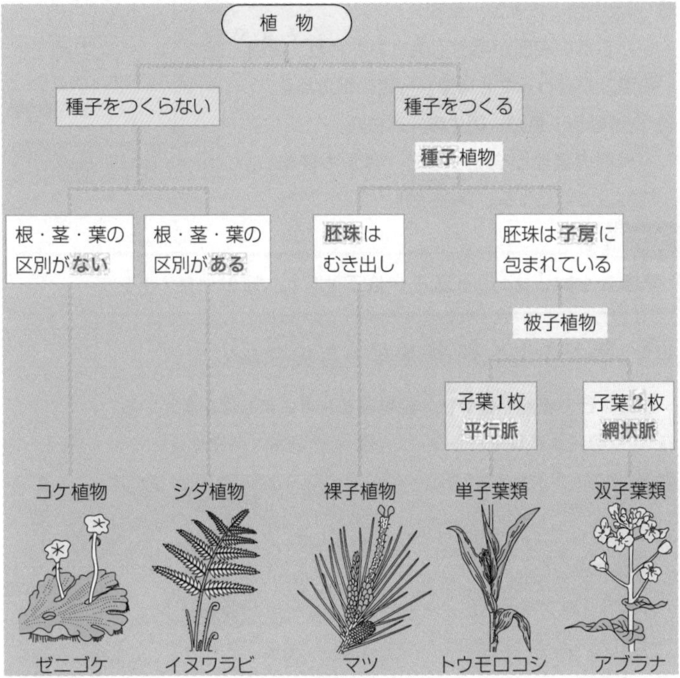

植物
- 種子をつくらない
  - 根・茎・葉の区別がない → コケ植物（ゼニゴケ）
  - 根・茎・葉の区別がある → シダ植物（イヌワラビ）
- 種子をつくる　**種子植物**
  - **胚珠**はむき出し → 裸子植物（マツ）
  - 胚珠は**子房**に包まれている　**被子植物**
    - 子葉1枚　**平行脈** → 単子葉類（トウモロコシ）
    - 子葉2枚　**網状脈** → 双子葉類（アブラナ）

過去問　〔島根ー改〕

表は，種子植物を大きな特徴（とくちょう）から，なかま分けしたものである。次の問いに答えなさい。
(1)①に適する名称（めいしょう）を，②に適する語句を書け。
(2)表の③に適する植物は，ユリ・キク・アブラナ・マツのどれか。

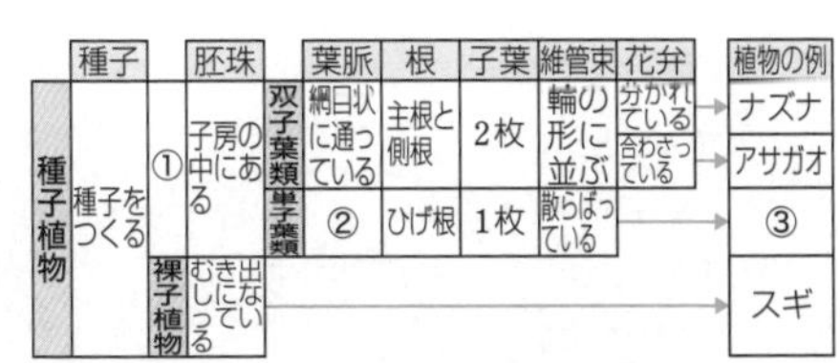

	種子		胚珠		葉脈	根	子葉	維管束	花弁	植物の例
種子植物	種子をつくる	①	子房の中にある	双子葉類	網目状に通っている	主根と側根	2枚	輪の形に並ぶ	分かれている	ナズナ
									合わさっている	アサガオ
				単子葉類	②	ひげ根	1枚	散らばっている		③
		裸子植物	むき出しになっている							スギ

解答　(1)①被子（ひし）植物　②平行に通っている　(2)ユリ

月　日

16. 動物のなかま分け

① セキツイ動物の体温 ★★

❶ 恒温動物(こうおん)…ホ乳類，鳥類

からだの表面が毛や羽毛におおわれ，周囲の温度が変わっても体温が一定に保たれる。

❷ 変温動物…魚類，両生類，ハ虫類

周囲の温度が変化すると，体温も変化し，活動しにくくなる。(➡冬眠(とうみん))

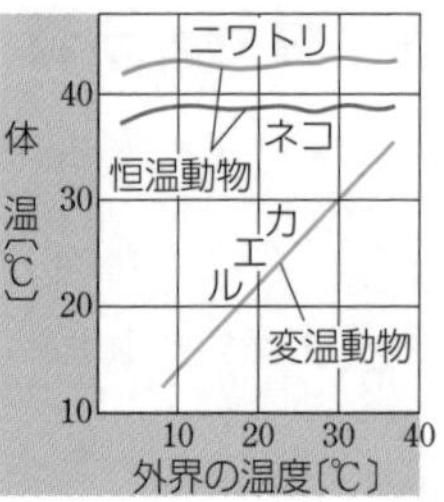

ここ重要

変温動物は，まわりの温度が低下すると，活動が鈍(にぶ)くなる。

② 無セキツイ動物のからだのつくり ★

昆虫(こんちゅう)などの節足動物や軟体(なんたい)動物などさまざまななかまがいる。

❶ 昆虫類（トノサマバッタ）　❷ 軟体動物（ハマグリ）

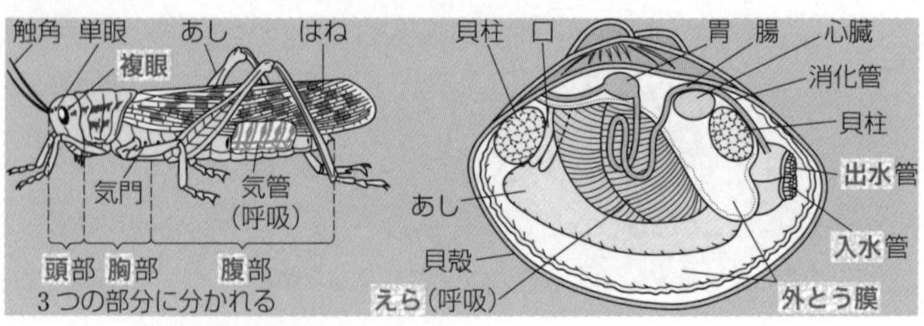

③ ホ乳類の頭部の骨格 ★★

❶ 肉食動物（ライオン）　❷ 草食動物（キリン）

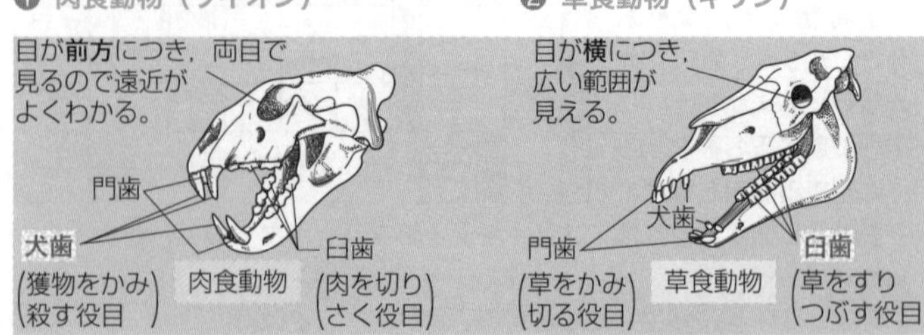

動物の分類では，セキツイ動物を生活場所，子の産み方，呼吸方法，体温の変化などから分類する問題がよく出題される。

④ 動物の分類★★★

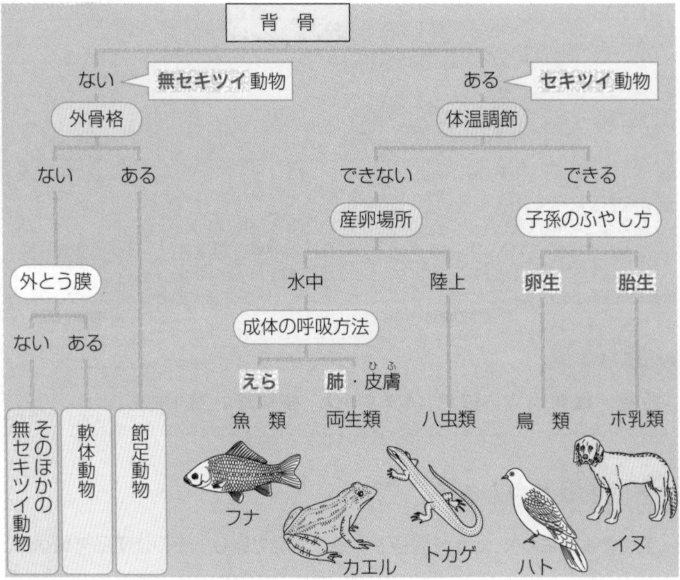

- 背骨
  - ない ＜ 無セキツイ動物
    - 外骨格
      - ない
        - 外とう膜
          - ない → そのほかの無セキツイ動物
          - ある → 軟体動物
      - ある → 節足動物
  - ある ＜ セキツイ動物
    - 体温調節
      - できない
        - 産卵場所
          - 水中
            - 成体の呼吸方法
              - えら → 魚類（フナ）
              - 肺・皮膚（ひふ） → 両生類（カエル）
          - 陸上 → ハ虫類（トカゲ）
      - できる
        - 子孫のふやし方
          - 卵生 → 鳥類（ハト）
          - 胎生 → ホ乳類（イヌ）

過去問　（岡山ー改）

次の文を読み，あとの問いに答えなさい。

次の図は，子の産み方，卵の殻（から）の有無，からだの表面のようすの３つの視点から，セキツイ動物をなかま分けしたものである。
子の産み方			卵生		X
卵の殻の有無		なし		あり	
からだの表面のようす	湿ったうすい皮膚	うろこ	羽毛	こうら・うろこ	毛
	A類	B類	C類	D類	E類

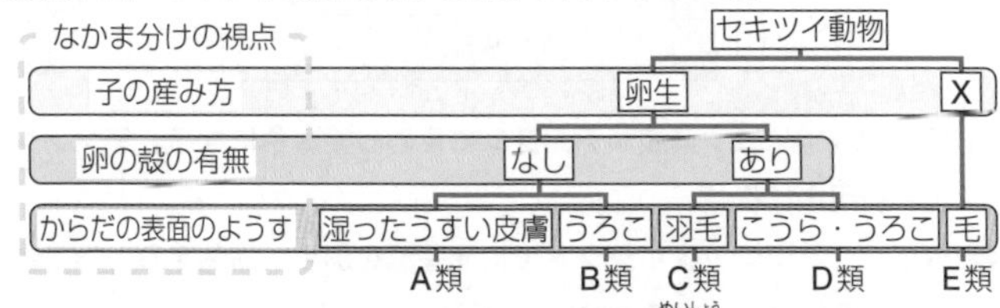

(1)図の X にあてはまる語を答えよ。また，E類の名称（めいしょう）を答えよ。

(2)親と子の呼吸器官に変化があるのは，A～E類のどれか。名称も答えよ。

(1) X ー胎生（たいせい）　E類ーホ乳類　(2)A類，両生類

月　日

17. 動物のからだのしくみ

① 細胞のつくり ★

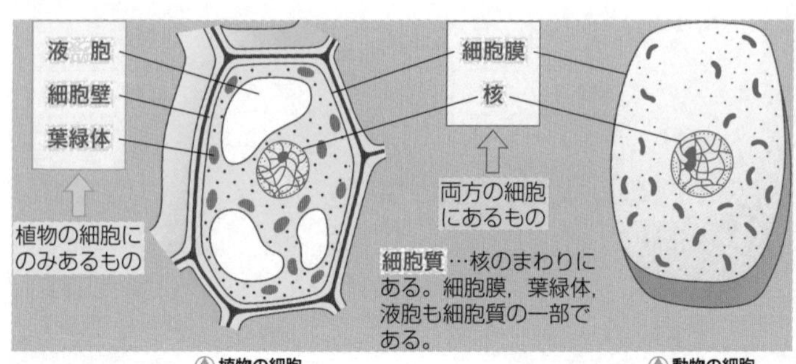

▲植物の細胞　▲動物の細胞

ここ注意！

動物・植物両方の細胞にあるものは，細胞膜，核である。

② 唾液のはたらき ★★★

下図のようにして，10分間いろいろな温度で保ち，その後薬品で調べた。

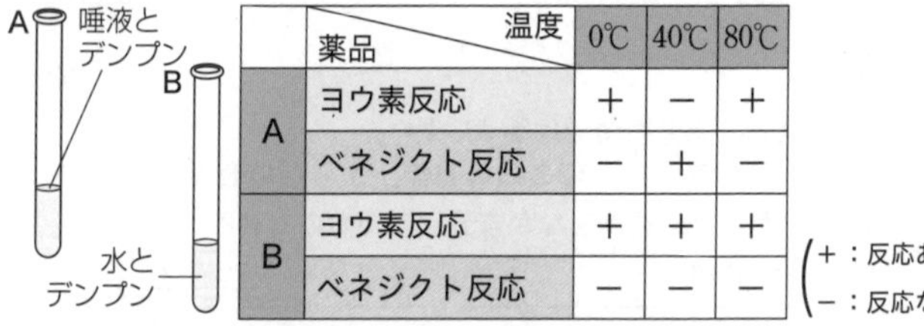

	薬品＼温度	0℃	40℃	80℃
A	ヨウ素反応	＋	－	＋
	ベネジクト反応	－	＋	－
B	ヨウ素反応	＋	＋	＋
	ベネジクト反応	－	－	－

（＋：反応あり　－：反応なし）

❶ ヨウ素反応…ヨウ素液がデンプンに反応し青紫色になる。デンプンの検出に利用される。

❷ ベネジクト反応…ベネジクト液に麦芽糖を加え，加熱すると赤褐色になる。麦芽糖やブドウ糖の検出に利用される。

ここ重要

唾液は，30～40℃のときデンプンを分解して糖に変える。

入試では　唾液のはたらきについては対照実験の形式でよく出題される。動物のからだのしくみは血液の循環，消化と吸収がよく出る。

③ 血液の循環（じゅんかん）と物質の移動 ★★★

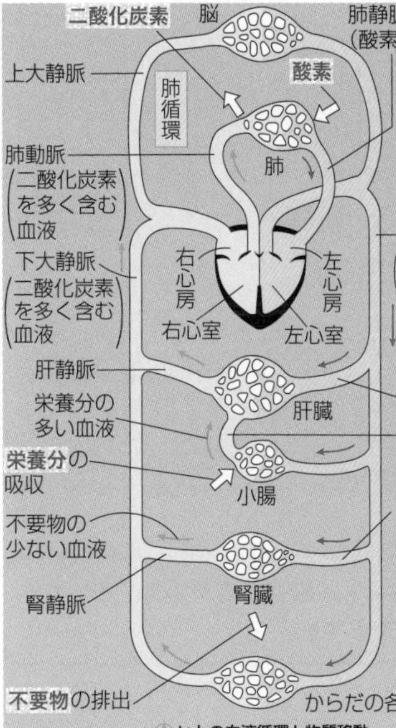

二酸化炭素
脳
肺静脈
（酸素を多く含む血液）
上大静脈
肺循環
酸素
肺動脈
（二酸化炭素を多く含む血液）
肺
下大静脈
（二酸化炭素を多く含む血液）
右心房
右心室
左心房
左心室
大動脈
（酸素を多く含む血液）
体循環
肝静脈
栄養分の多い血液
栄養分の吸収
肝臓
肝動脈
肝門脈
小腸
腎動脈
不要物の少ない血液
腎静脈
腎臓
不要物の排出
からだの各組織
ヒトの血液循環と物質移動

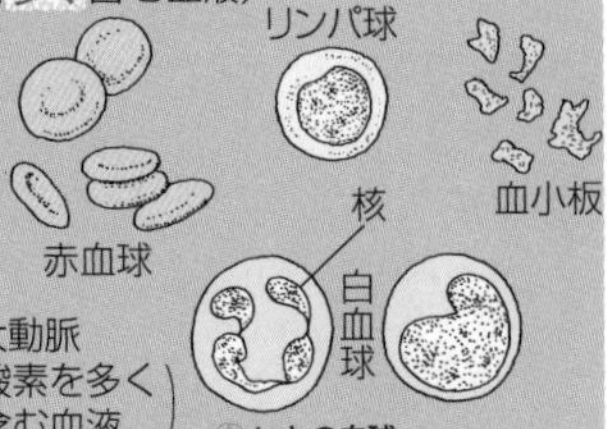

リンパ球
血小板
赤血球
核
白血球
ヒトの血球

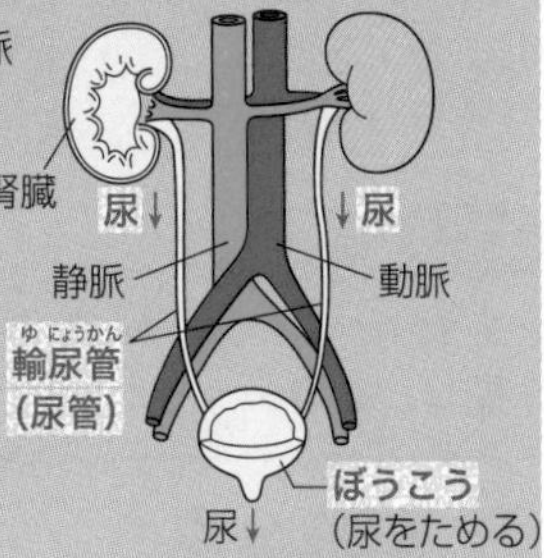

腎臓
尿
尿
静脈
動脈
輸尿管（ゆにょうかん）
（尿管）
ぼうこう
（尿をためる）
尿
ヒトの排出器官

過去問　〔鹿児島－改〕

右の図は，ヒトの血液循環を示した模式図である。次の問いに答えなさい。

(1)細胞（さいぼう）の活動にともなってできた不要な物質のうち，<u>ある有害な物質</u>は，図の器官Xで，害の少ない尿素（にょうそ）に変えられる。

①器官Xの名称（めいしょう）を答えよ。

②下線部の物質の名称を答えよ。

(2)尿素が最も少ないのは，ア～オのどこか。

脳
肺
心臓
器官X
ア
エ
オ
小腸
イ
ウ
腎臓
全身の細胞
（矢印は血液の流れ）

解答　(1)①肝臓（かんぞう）　②アンモニア　(2)イ

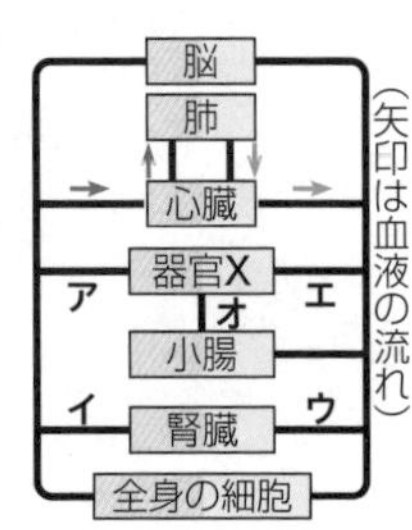

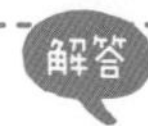

月　日

18．生物の成長と細胞分裂

① 根の成長と細胞(さいぼう)のようす ★★

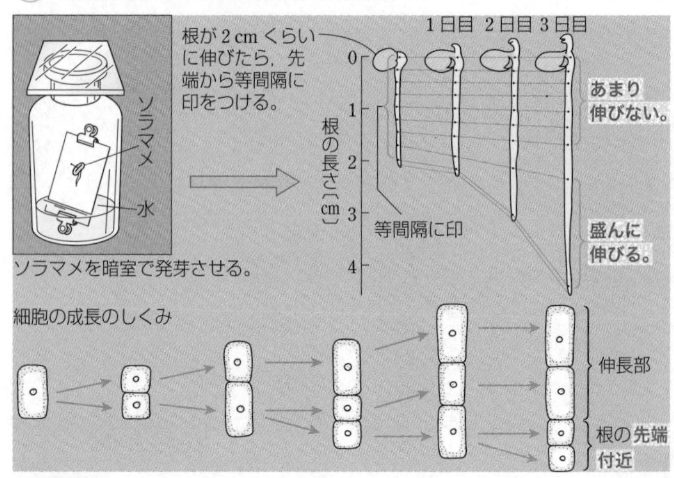

ここ重要

生物のからだは，細胞分裂(ぶんれつ)によって，細胞の数がふえ，そして分裂した細胞が大きくなることで成長する。

② 細胞分裂 ★

細胞分裂とは，**1 個の細胞が 2 個の細胞**になることである。

① アメーバのふえ方
（単細胞生物）

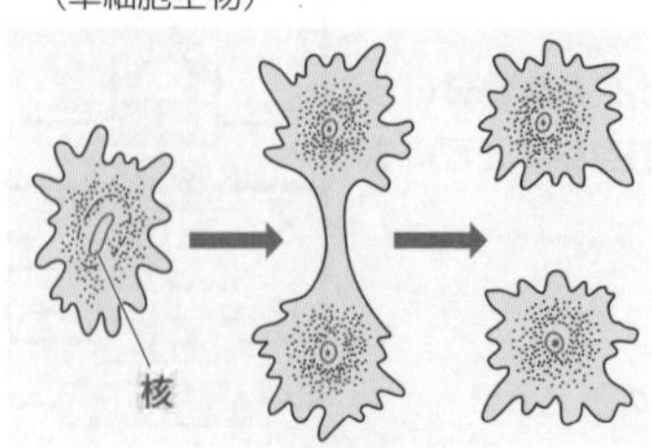

核と細胞質がちぎれるように分裂する。

② タマネギの若い根の先端部分の細胞のふえ方
（多細胞生物）
染色体には**遺伝子**がある。

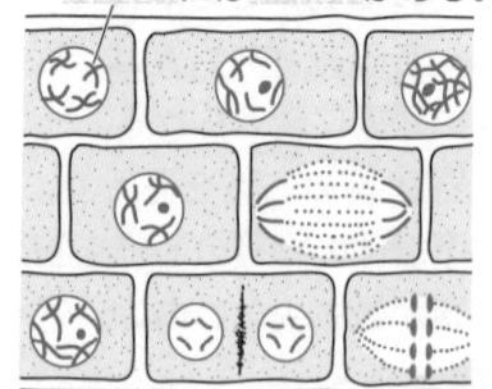

細胞分裂の過程で**染色体**が現れる。

染色体のようすに注目しながら，細胞分裂の図を正しく並べかえる問題がよく出題される。

③ 細胞分裂の流れ（植物の場合）★★★

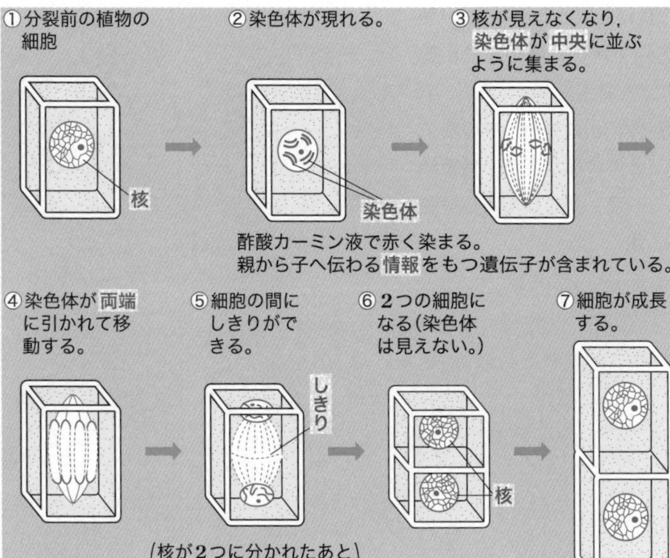

①分裂前の植物の細胞
核
②染色体が現れる。
染色体
③核が見えなくなり，染色体が中央に並ぶように集まる。
酢酸カーミン液で赤く染まる。
親から子へ伝わる情報をもつ遺伝子が含まれている。
④染色体が両端に引かれて移動する。
⑤細胞の間にしきりができる。
しきり
（核が2つに分かれたあと細胞質が分かれる。）
⑥2つの細胞になる（染色体は見えない。）
核
⑦細胞が成長する。

ここ重要

染色体には多くの遺伝子があり，生物の形や性質の源になっている。

過去問　〔山梨一改〕

下の細胞分裂の模式図を，アを最初として正しい順序にア～カを並べかえなさい。また，図のエのa～dの中で遺伝子を含んでいるものはどれか。その記号と名称を答えなさい。

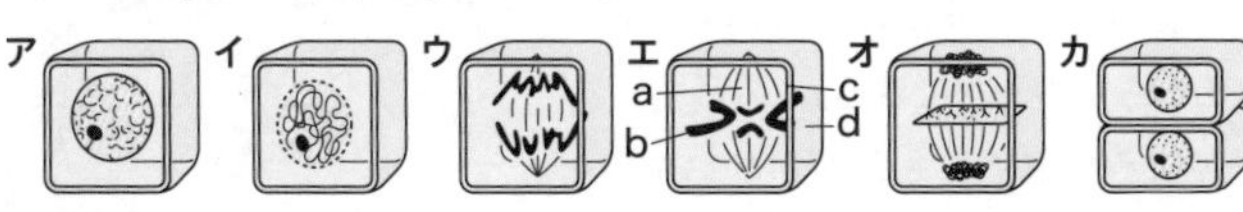

解答　（順序）ア→イ→エ→ウ→オ→カ　（記号）b　（名称）染色体

月　日

19. 生物のふえ方

① 生物のふえ方 ★★★

生殖細胞どうしの合体（受精）で新しい個体ができることを有性生殖という。

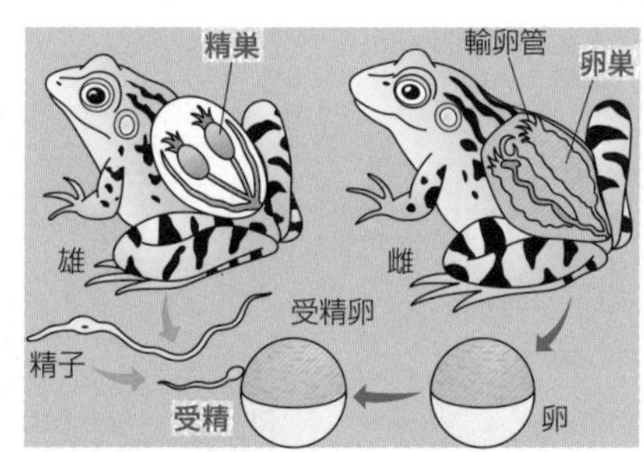

❶ カエルの受精…雄の精子と雌の卵が受精→受精卵→胚→独立した新しい個体

❷ 被子植物の受精

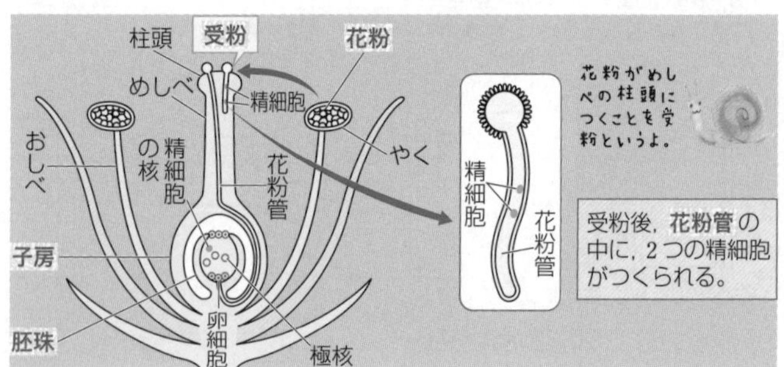

ここ重要

植物では，精細胞と卵細胞の核が合体（受精）して受精卵ができる。受精卵は分裂をくり返して胚になる。

② 無性生殖 ★★

アメーバなどの単細胞生物は，雌雄の生殖ではなく，分裂によってふえ，親と同一のからだの子ができる。

このような雌雄にもとづかない生殖を無性生殖という。

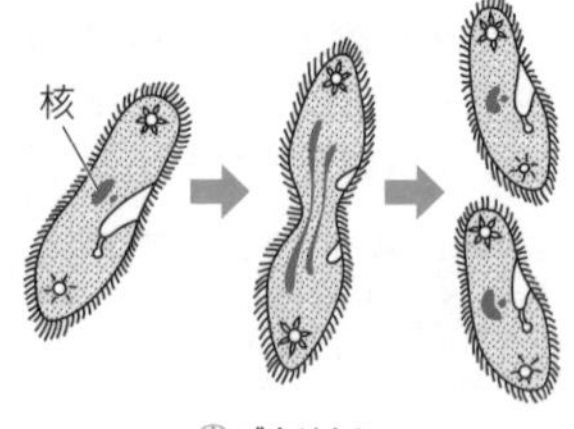

▲ゾウリムシ

入試では　無性生殖には分裂や栄養生殖（植物でからだの一部から芽が出てふえること）がある。あわせて，有性生殖の流れについてもよく問われる。

③ 有性生殖の流れ ★★

❶ 動物（カエル）の有性生殖

メスの卵巣で卵が，オスの精巣で精子がつくられる。これらの細胞を生殖細胞という。メスが生み出した卵にオスが精子をかけると，精子が卵まで泳ぎつき，受精が行われて受精卵ができる。

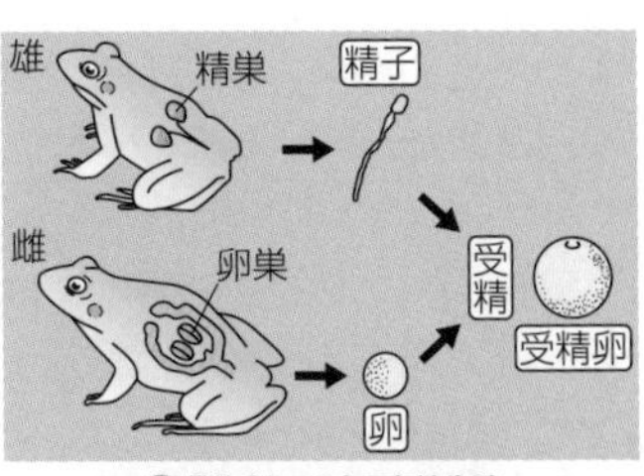

△動物（カエル）の有性生殖

❷ 被子植物の有性生殖

おしべのやくでつくられた花粉がめしべの柱頭について受粉すると，柱頭の中を，花粉管が胚珠の中の卵細胞まで伸(の)びる。そこで花粉管の中の精細胞が卵細胞と合体して受精し，受精卵ができる。

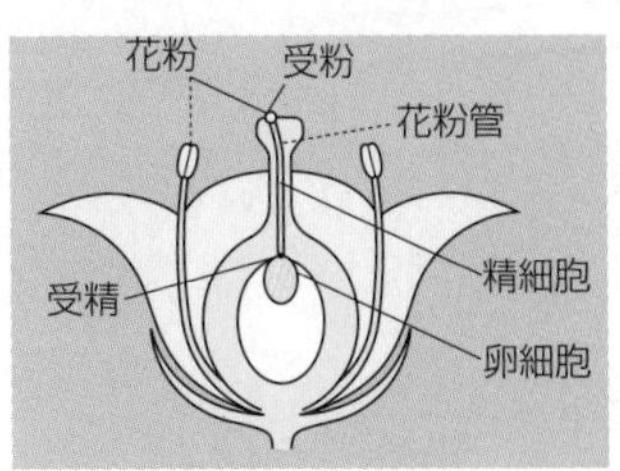

△被子植物の有性生殖

ここ重要

花粉管の役割は，花粉の精細胞を胚珠の中の卵細胞まで運ぶことである。

過去問　〔新潟一改〕

右の図は，エンドウの花をスケッチしたものである。これについて，次の問いに答えなさい。

⑴ おしべのやくでつくられるのは何か。

⑵ 植物では，精細胞(せいさいぼう)と卵細胞(らんさいぼう)の核(かく)が合体する。これを何というか。

⑶ ⑵のあと，やがて，①子房(しぼう)は成長して何になるか。また，②胚珠(はいしゅ)は何になるか。

⑴花粉　⑵受精　⑶①果実　②種子

月　日

20. 遺伝のしくみと生物の進化

1 遺伝のしくみとメンデルの実験★★★

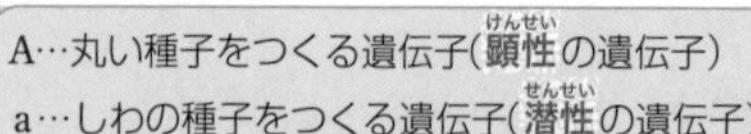

❶ 遺伝のしくみ

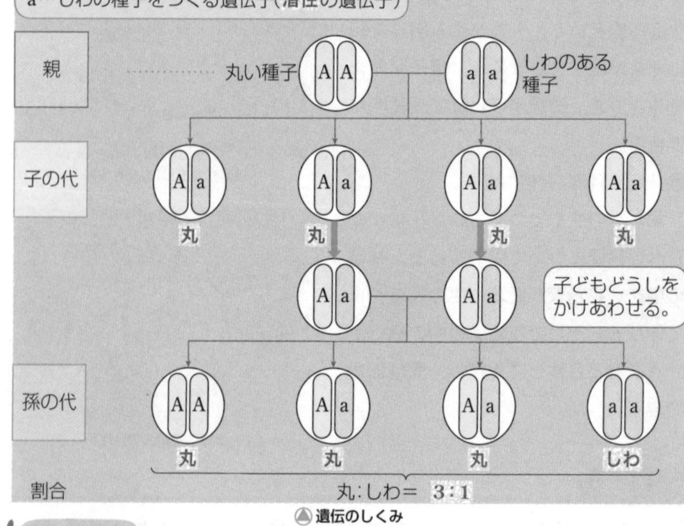

遺伝のしくみ

ここ注意!
純系の親どうしでは，子の代には顕性の形質だけが現れる。

❷ メンデルの実験の結果（純系どうしのかけあわせ）

- 子の代では一方の形質だけが現れる。このとき現れる形質を，顕性の形質という。他方の形質を潜性の形質という。
- 孫の代では親のもつ形質がそれぞれ現れる。
- 孫の代での形質は，顕性：潜性＝3：1の割合で現れる。

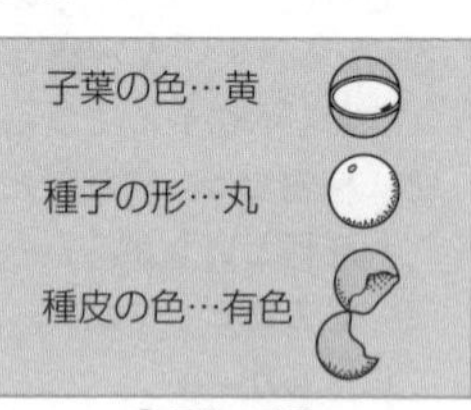

顕性の形質

入試では
- 有性生殖のしくみや遺伝のしくみについては出題率が高い。
- 動物の細胞と植物の細胞のつくりの名称とはたらきを覚えよう。

② 生物の進化★

❶ **進　化**…地球上に生命が誕生してから，現在にいたるまでの間，生物のからだのつくりや，種類が変化してきたことを生物の**進化**という。

❷ **セキツイ動物の進化の証拠**…外見やはたらきが異なっていても，発生起源が共通な器官を**相同器官**という。

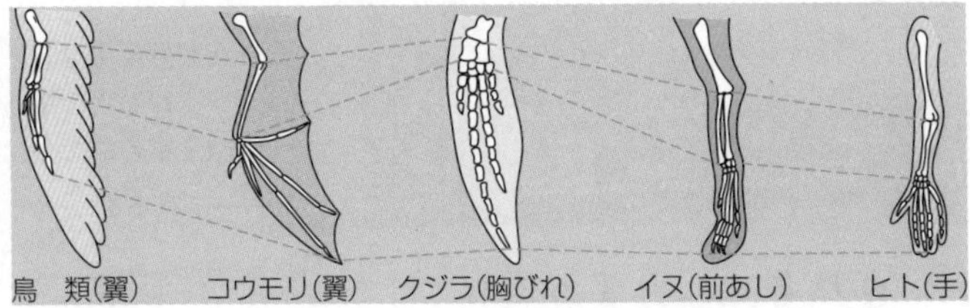

③ 生物の出現★

約 38 億年前に最古の生物が出現して以来さまざまな生物が出現した。

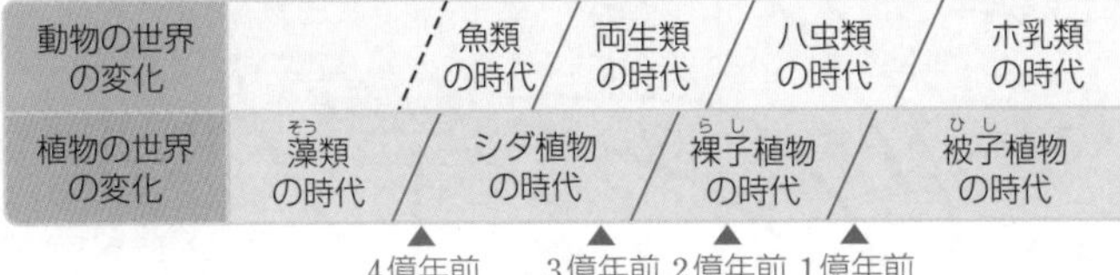

動物の世界の変化		魚類の時代	両生類の時代	ハ虫類の時代	ホ乳類の時代
植物の世界の変化	藻類の時代	シダ植物の時代		裸子植物の時代	被子植物の時代

▲4億年前　▲3億年前　▲2億年前　▲1億年前

過去問　〔岡山ー改〕

次の問いに答えなさい。

(1)トウモロコシの種子の色を白色にする遺伝子を○，黄色にする遺伝子を●で表し，○と●は対立する形質を現す遺伝子とする。親子のもつ遺伝子を模式図で表したとき，子の遺伝子の組み合わせとして可能性があるものを図のア～オからすべて選べ。

ア 親○○－○● 子○○　イ 親○○－●● 子○○　ウ 親○○－●● 子○●　エ 親○●－○● 子○●　オ 親○●－●● 子○○

(2)遺伝子の本体である物質を何というか，答えよ。

(1)ア，ウ，エ　(2)DNA(デオキシリボ核酸)

月　日

21. 自然と人間

① 土の中の微生物のはたらき ★

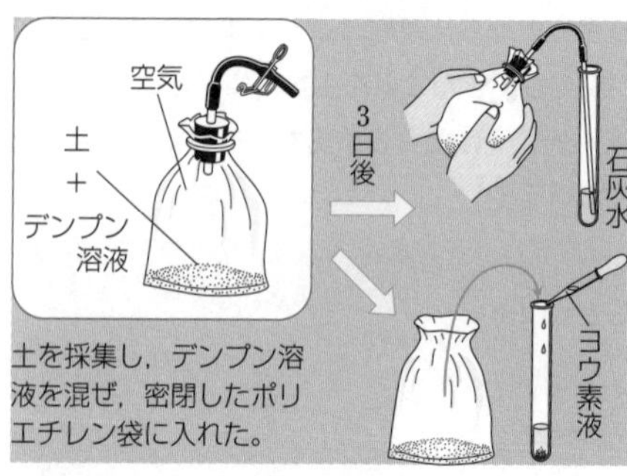

土を採集し，デンプン溶液を混ぜ，密閉したポリエチレン袋に入れた。

石灰水が白く濁る。
➡二酸化炭素が発生
➡土の中に生物がいる証拠

ヨウ素液は反応なし。
➡デンプンが土の中の微生物のはたらきで分解された。

② 自然界での物質の流れ ★★

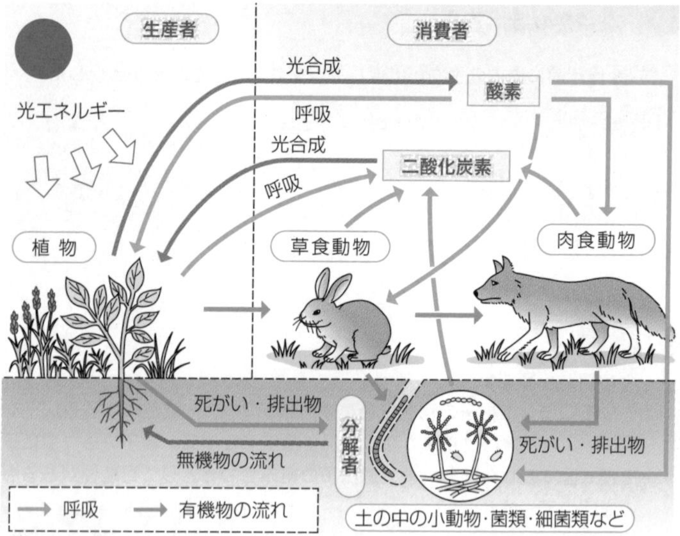

生産者
消費者
光エネルギー
光合成
酸素
呼吸
光合成
二酸化炭素
呼吸
植物
草食動物
肉食動物
死がい・排出物
分解者
無機物の流れ
死がい・排出物
土の中の小動物・菌類・細菌類など
→ 呼吸　→ 有機物の流れ

ここ重要

生物界の食べる・食べられるの関係➡食物連鎖

土の中の微生物のはたらきを調べる実験はよく出題される。特に指示薬の変化や対照実験を問う問題はよく出る。

③ 水生生物の調査 ★★

川にすむ水の中の生物を調べると，川の水の汚れぐあいがわかる。

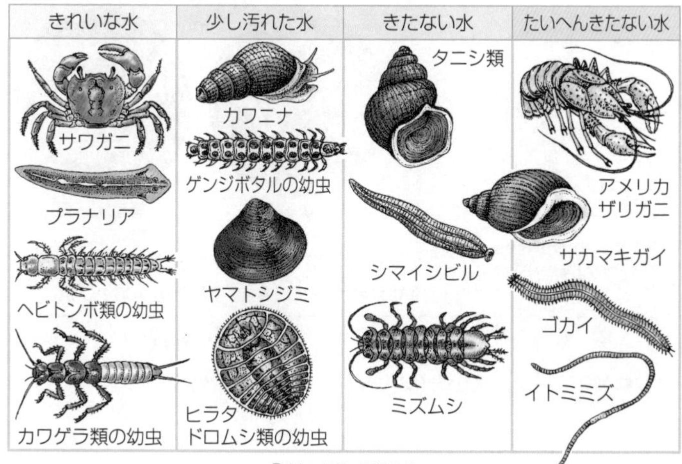

△川の水質の指標生物

過去問 〔大分ー改〕

次の文を読み，あとの問いに答えなさい。

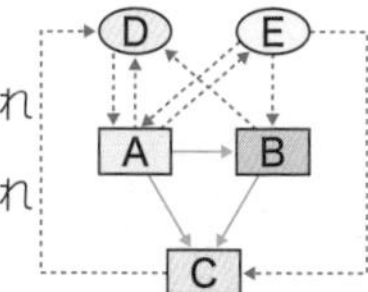

右の図は，自然界の物質の循環を模式的に表したものであり，A～Cは生産者，消費者，分解者のいずれか，D，Eは気体を示している。

⑴Eにあてはまる気体は何か，名称を答えよ。

⑵Aにあてはまる生物として適切なものを，次の**ア～カ**から２つ選べ。

ア ミミズ　**イ** ケイソウ　**ウ** 乳酸菌　**エ** リス

オ コナラ　**カ** ミジンコ

⑶ある環境の中で，そこに生きる生物と，生物どうしやその環境との関連性を１つのまとまりとしてとらえたものを何というか，答えよ。

⑴酸素　⑵イ，オ　⑶生態系

地学

22. 火山と地震

① 火成岩(かせいがん)の組織★

マグマが冷え固まってできた岩石を火成岩という。

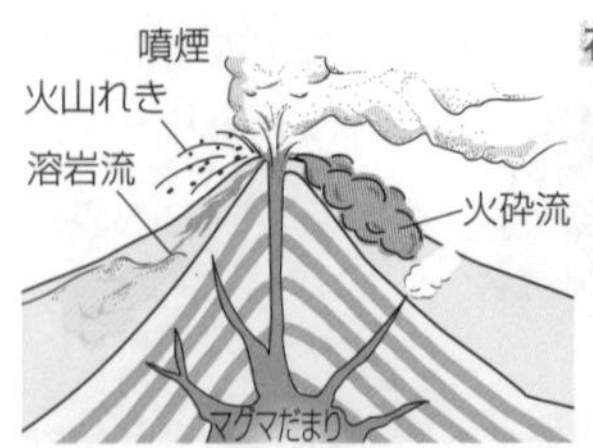

斑状組織

等粒状組織

できた方	マグマが地表や地表付近で急に冷やされた	マグマが地下深くでゆっくりと冷やされた
組　織	斑状(はんじょう)組織	等粒状(とうりゅう)組織
種類(岩石例)	火山岩(安山岩)	深成岩(花こう岩)

② 地震(じしん)★★

初期微動継続時間は震源から遠くなるほど長くなる。

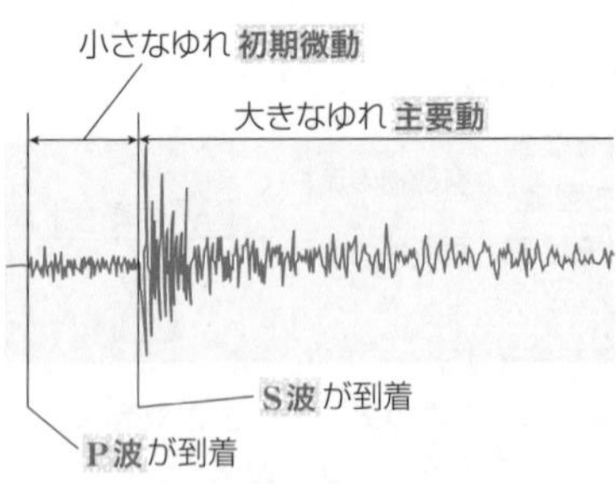

△地震のゆれ

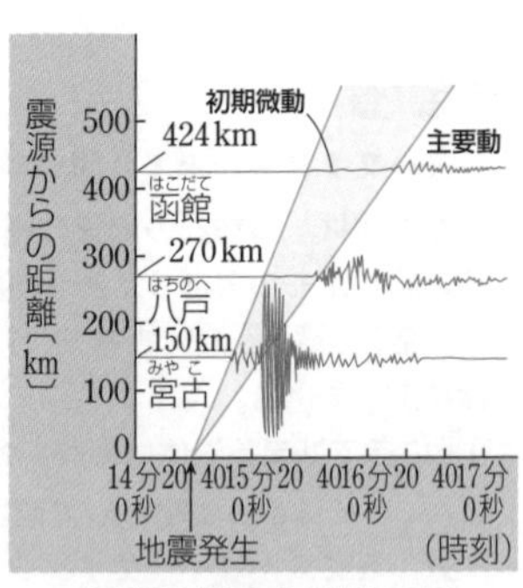

△宮城県沖地震の記録(2003年)

ここ注意!

▶震源➡地震が発生した場所
▶震央➡震源の真上にある地表の地点

火成岩のスケッチをもとに，組織や造岩鉱物について問われる問題や地震の波の伝わり方をもとにした問題が多い。

③ 火成岩の種類と特徴(とくちょう)★★

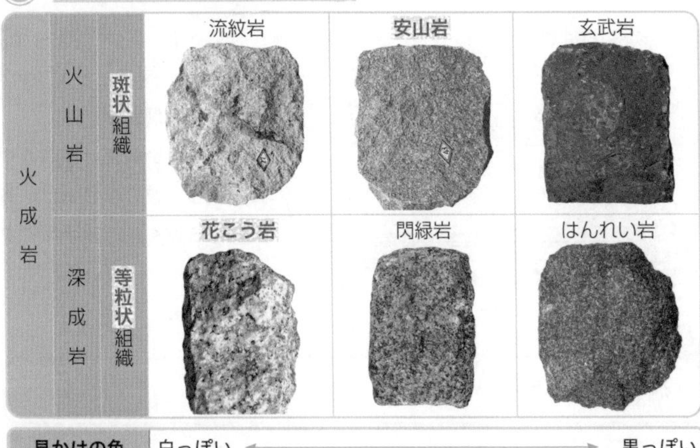

見かけの色	白っぽい ←→	黒っぽい
造岩鉱物	無色鉱物を多く含む ←→	有色鉱物を多く含む

ここ重要

- 無色鉱物→セキエイ，チョウ石
- 有色鉱物→クロウンモ，カクセン石，キ石，カンラン石

過去問 〔愛媛－改〕

次の文を読み，あとの問いに答えなさい。

右の図は，ある地震(じしん)について地点A，B，Cにおける地震計の記録をもとにP波とS波の到着(とうちゃく)時刻と震源からの距離(きょり)を示したものである。

(1)この地震のP波の伝わる速さを整数値で求めよ。

(2)震源からの距離が20 kmの地点でP波が観測され，この4秒後に緊急(きんきゅう)地震速報が出された。地点CでS波が観測されたのは，緊急地震速報が出されてから何秒後か。整数値で答えよ。

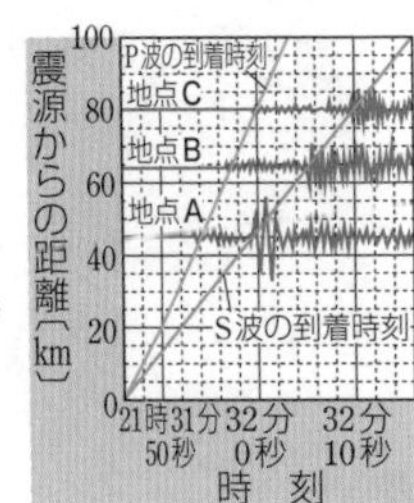

(1)6 km/s　(2)16 秒後

月　日

23. 地層と化石

① 地層のでき方 ★★

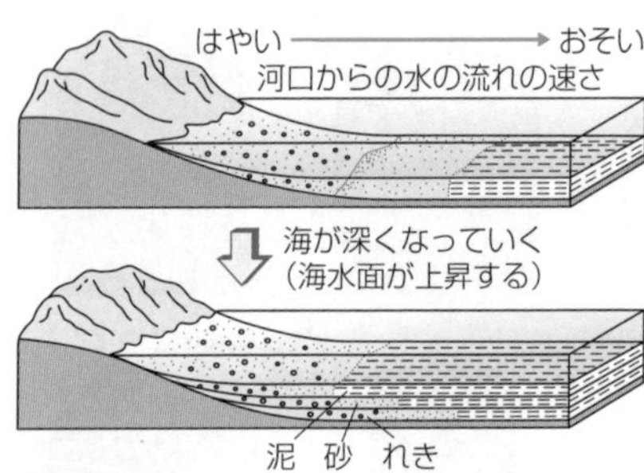

流水のはたらきによって，れき，砂，泥などが運ばれ，堆積し，地層ができる。

粒の大きいれきは海岸近くに堆積し，粒の小さい泥は海岸線から遠くまで運ばれて堆積する。

ここ重要

▶流水の三作用→侵食，運搬，堆積

② 堆積岩の種類と特徴 ★★

海底や湖底の堆積物はしだいにおし固められて岩石になる。このようにしてできた岩石を堆積岩という。

❶ 風化・侵食を受けた岩石の粒からできた堆積岩…れき岩，砂岩，泥岩
❷ 火山灰などの火山噴出物からできた堆積岩…凝灰岩
❸ 生物の遺がいなどからできた堆積岩…石灰岩，チャート

▲れき岩

▲砂　岩

▲泥　岩

ここ注意!

▶堆積岩をつくる粒の大きさで，れき岩・砂岩・泥岩に分ける。
▶堆積岩は化石を含むことがある。

入試では　堆積岩と火成岩との組織のちがいや堆積岩の分類についてよく出題される。示相化石，示準化石についての記述式問題も見られる。

③ 地質年代と化石 ★★

❶ **地質年代**…地球が誕生してから人間の歴史以前の，地層ができた時代。

代		古生代						中生代			新生代	
紀	先カンブリア時代	カンブリア紀	オルドビス紀	シルル紀	デボン紀	石炭紀	二畳紀(ペルム紀)	三畳紀	ジュラ紀	白亜紀	古第三紀	新第三紀
年	5億4200万年前							2億5100万年前			6600万年前	

＼第四紀

❷ **示相化石**…地層が堆積(たいせき)した当時の環境(かんきょう)を知る手がかりとなる。

▶カニ，シャコ→干潟(ひがた)　▶サンゴ→あたたかく浅い海

▶アサリ，カキ→浅い海　▶タニシ→湖か河川(淡水(たんすい))

▶マンモス→寒い気候　▶シュロ，ソテツ→あたたかい気候

❸ **示準化石**…地層が堆積した年代を知る手がかりとなる。

△サンヨウチュウ（古生代）　△アンモナイト（中生代）

△ビカリア（新生代）

過去問　〔岐阜一改〕

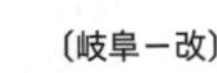

次の文を読み，あとの問いに答えなさい。

露頭(ろとう)の一部を観察し，地層のつくりをスケッチした。岩石の層（地層Ｙ）には，サンゴやフズリナの化石が含(ふく)まれていた。

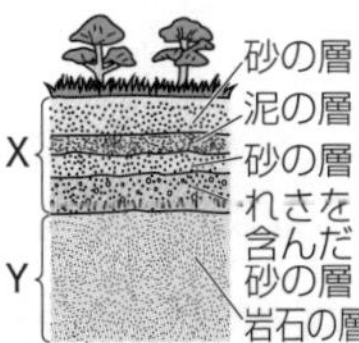

⑴地層Xの中で，海岸から最も離(はな)れた場所で堆積した層はどれか。

⑵岩石の層には，サンゴの化石が含まれていたことから，岩石の層が堆積した当時の環境を簡単に説明せよ。

⑶フズリナは，いつの地質年代の示準化石か。

解答　⑴泥(どろ)の層　⑵あたたかくて浅い海であった。　⑶古生代

月　日

24. 天気とその変化

① 気象観測★★

等圧線のみかた

①1000 hPaを基準とする。
②4 または2 hPa間隔で引く。
③20 または10 hPaごとに太い線で引かれている。

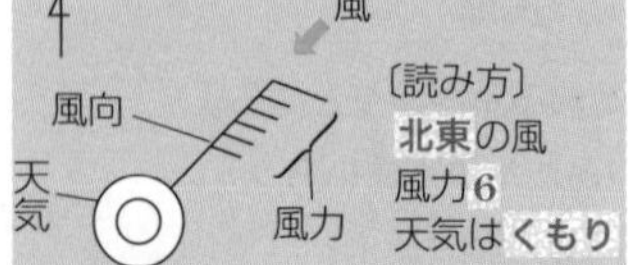

●天気図記号と雲量

天気	記号	天気	記号
快晴	○	霧	⊙
晴れ	⦶	雪	⊗
くもり	◎	あられ	○に△
雨	●	ひょう	○に▲

雲量が0～1を快晴，2～8を晴れ，9～10をくもりという。

ここ重要

風向・風力記号➡風の吹(ふ)いてくる方向を矢の向きで示し，風力は矢羽根の数で表す。

② 雲のでき方★★

① 水蒸気を含(ふく)んだ空気のかたまりが上昇(じょうしょう)する。
② 上空ほど気圧が低いので，空気のかたまりは膨張(ぼうちょう)する。空気が膨張すると，温度が下がる。
③ 気温が露点(ろてん)に達すると，水蒸気が水滴(すいてき)となり，雲ができる。

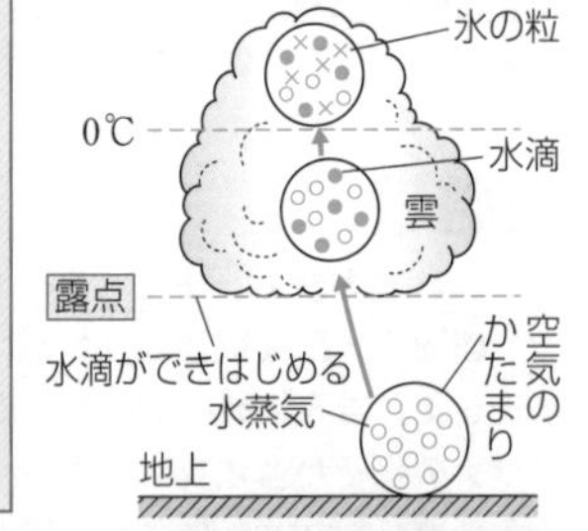

△巻　雲

△積乱雲

△乱層雲

気象観測の方法，天気記号と天気，雲のでき方や湿度（計算）などを問われる問題がよく出題される。

③ 湿度（しつど）の求め方 ★★★

❶ 乾湿計（かんしつ）の読みとり

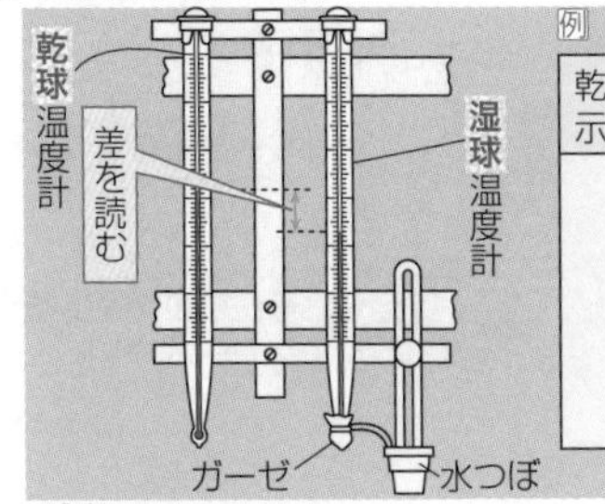

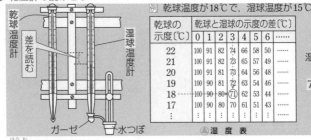

例 乾球温度が18℃で，湿球温度が15℃

乾球の示度〔℃〕	乾球と湿球の示度の差〔℃〕 0	1	2	3	4	5	6	……
22	100	91	82	74	66	58	50	……
21	100	91	82	73	65	57	49	……
20	100	91	81	73	64	56	48	……
19	100	90	81	72	63	54	46	……
18	100	90	80	(71)	62	53	44	……
17	100	90	80	70	61	51	43	……
⋮	⋮	⋮	⋮	⋮	⋮	⋮	⋮	

湿度 ↓ 71％

△湿度表

❷ 飽和水蒸気量（ほうわ）と湿度

例 気温 18℃，コップの表面が 13℃でくもった。

$$湿度 = \frac{11.4\,g}{15.4\,g} \times 100 = 74.02\cdots \rightarrow 74.0\%$$

気温〔℃〕	12	13	14	15	16	17	18
飽和水蒸気量〔g/m³〕	10.7	11.4	12.1	12.8	13.6	14.5	15.4

ここ重要

$$湿度〔\%〕 = \frac{空気1m^3中に含（ふく）まれている水蒸気量〔g/m^3〕}{その気温での空気1m^3中の飽和水蒸気量〔g/m^3〕} \times 100$$

過去問 〔沖縄－改〕

あとの問いに答えなさい。

右の図は気象観測記録をまとめたもので，表は気温と飽和水蒸気量との関係を示している。

⑴ 9 時の天気，風向，風力を答えよ。

⑵ 9 時の気温は 30 ℃ で，露点（ろてん）は 25 ℃ であった。このときの湿度は何％か（小数点以下四捨五入）。

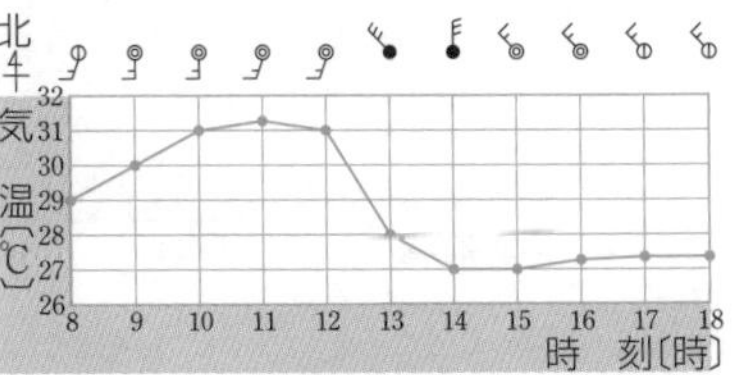

気温〔℃〕	飽和水蒸気量〔g/m³〕
15	13
20	17
25	23
30	30
35	40

⑴くもり，南，風力 2　⑵77％

月　日

25. 季節の天気と天気予報

① 高気圧と低気圧の風の吹(ふ)き方 ★

❶ 高気圧…下降気流で，雲を消滅(しょうめつ)させ，天気はよい。

下降気流
時計まわり
高

等圧線の間隔が広く，風力は小さい。

❷ 低気圧…上昇(じょうしょう)気流で，雲を発生させ，天気は悪い。

雲の発生
上昇気流
反時計まわり
低

等圧線の間隔が狭く，風力は大きい。

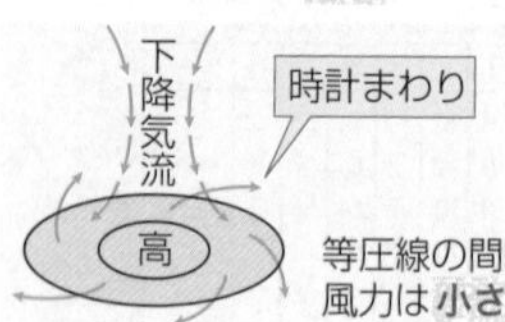

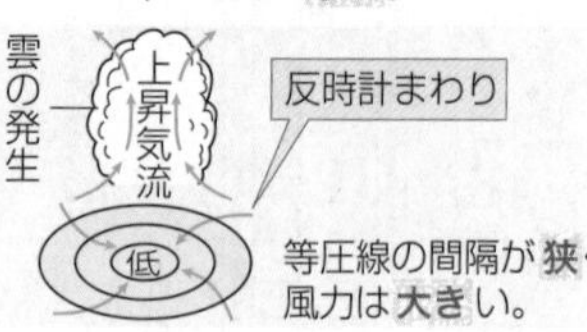

② 前線と天気 ★★★

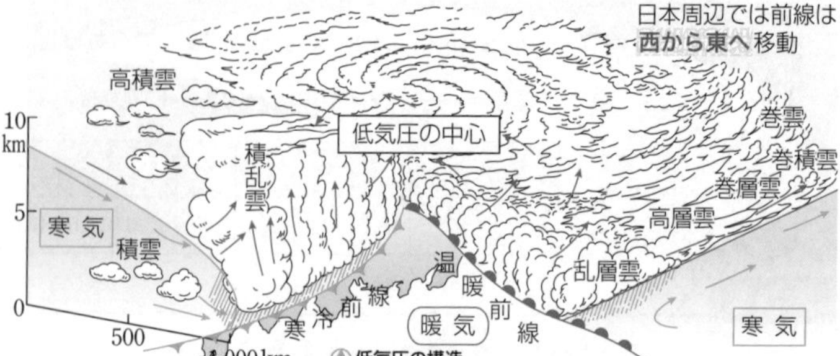

日本周辺では前線は西から東へ移動
高積雲
10 km
5
0
500
1,000 km
低気圧の中心
積乱雲
寒気
積雲
寒冷前線
温暖前線
暖気
巻雲
巻積雲
巻層雲
高層雲
乱層雲
寒気

△ 低気圧の構造

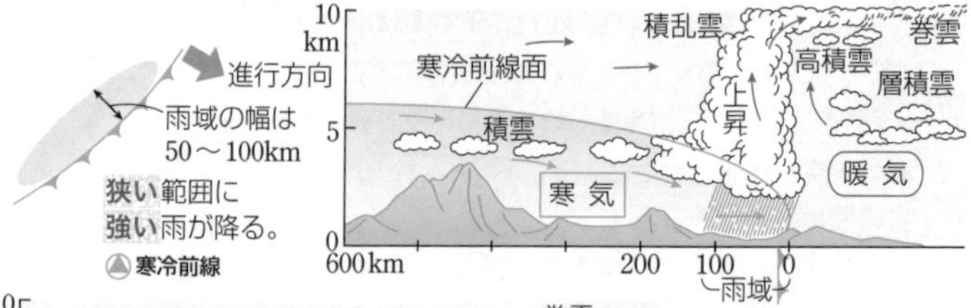

進行方向
雨域の幅は 50～100km
狭い範囲に強い雨が降る。
10 km
5
0
600 km
200
100
0
雨域
寒冷前線面
積雲
寒気
積乱雲
上昇
高積雲
巻雲
層積雲
暖気

△ 寒冷前線

10 km
5
0
500
1,000 km
雨域
暖気
乱層雲
高層雲
巻層雲
巻雲
温暖前線面
寒気
雨域の幅は 約300 km
広い範囲に弱い雨が降る。
進行方向

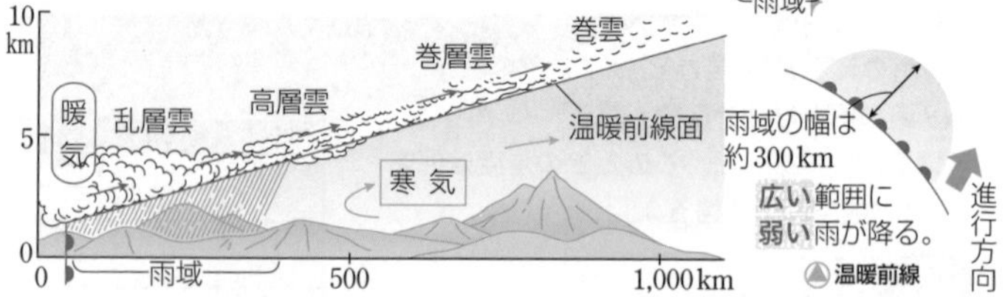

△ 温暖前線

入試では　日本の四季や梅雨・台風の天気図から前線通過前後の天気の変化，天気の予想，風向などを問う問題がよく出題される。

③ 日本付近の気団と日本の四季の天気★★

❶ 日本付近の気団

気団は日本の四季の天気に強い影響がある。

❷ 春・秋の天気図

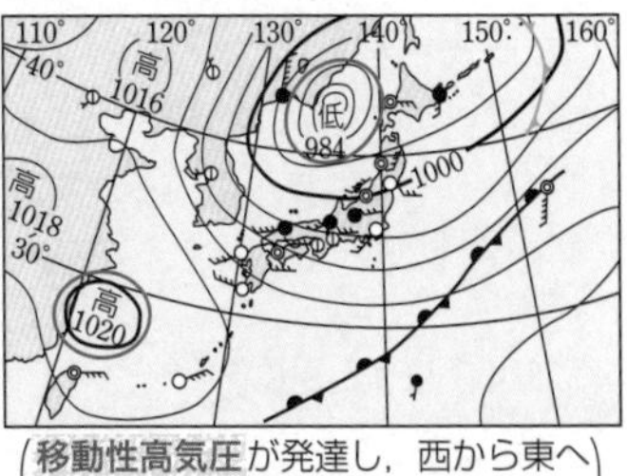

（**移動性高気圧**が発達し，西から東へ移動。天気は周期的に変わる。）

❸ 冬の天気図

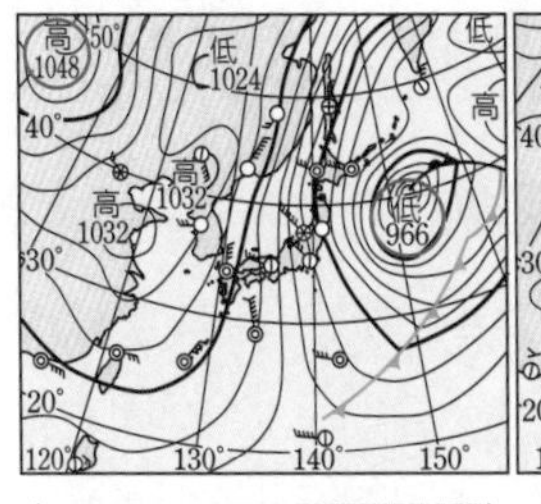

（シベリア気団➡**北西季節風**
西高東低の気圧配置）

❹ 夏の天気図

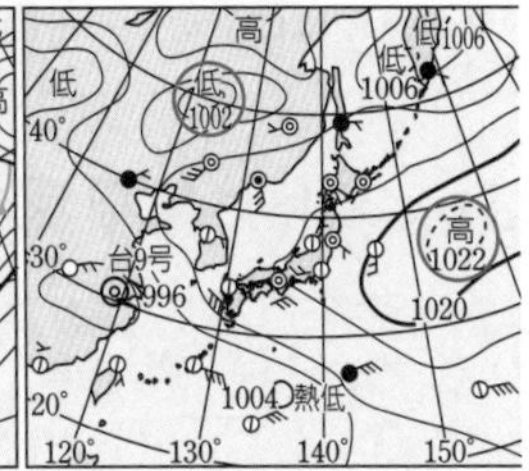

（小笠原気団➡**南東季節風**
南高北低の気圧配置）

❺ 梅雨と台風

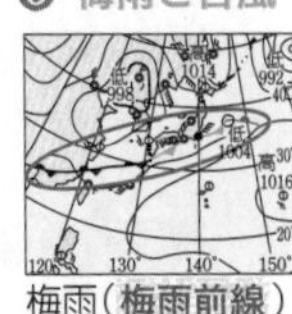

梅雨（**梅雨前線**）

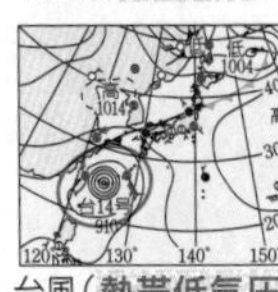

台風（**熱帯低気圧**）

過去問　〔鹿児島ー改〕

右の天気図について，答えなさい。

⑴次の季節に特徴的な天気図をア～エから選べ。

①真冬　②真夏

⑵ア，イの天気図と最も関係の深い気団名を1つずつあげよ。

ア

イ

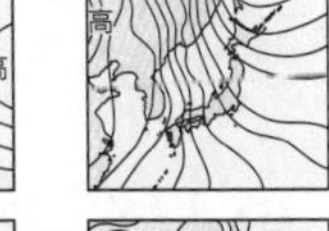

ウ

エ

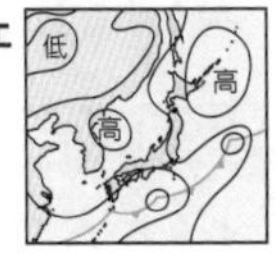

⑴①イ　②ア

⑵ア―小笠原気団

イ―シベリア気団

月　日

26. 天体の観測

① 地球の自転と天体の日周運動 ★★★

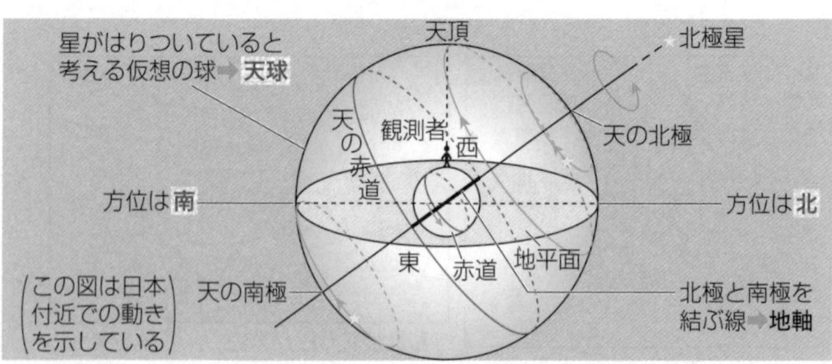

ここ注意！

地球が西から東へ自転➡天体は東から西へ回転しているように見える。

② 地球の公転と天体の年周運動 ★★

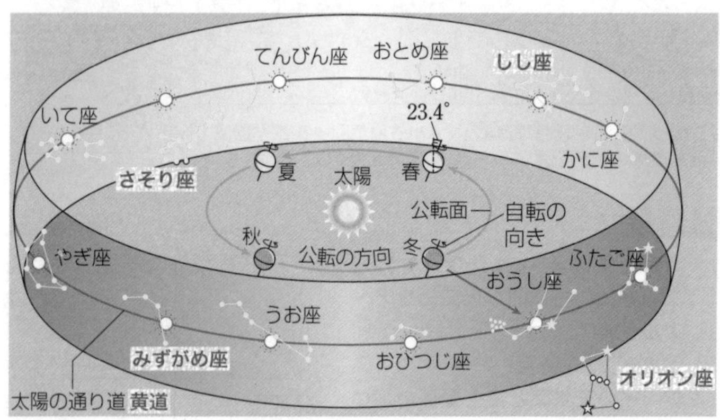

ここ重要

ある地点で，ある星が南中する時刻は，毎日約 4 分ずつはやくなっている。

入試では　1日や四季を通じての太陽の動きに加え，透明半球上の太陽の動きから，日の出や日の入りの時刻を求める問題が出題される。

③ 太陽の通り道 ★★★

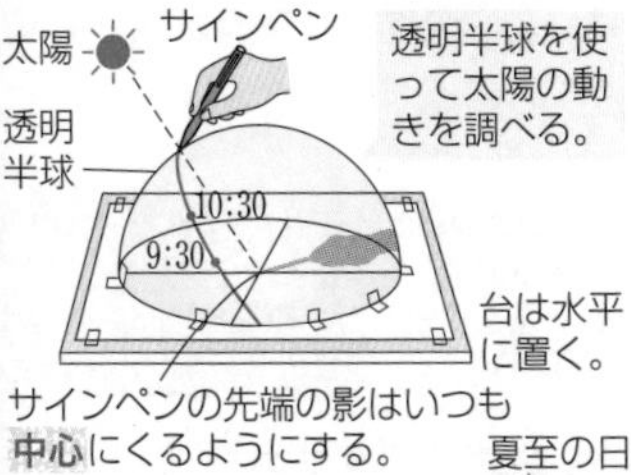

太陽
サインペン
透明半球
透明半球を使って太陽の動きを調べる。
10:30
9:30
台は水平に置く。
サインペンの先端の影はいつも**中心**にくるようにする。

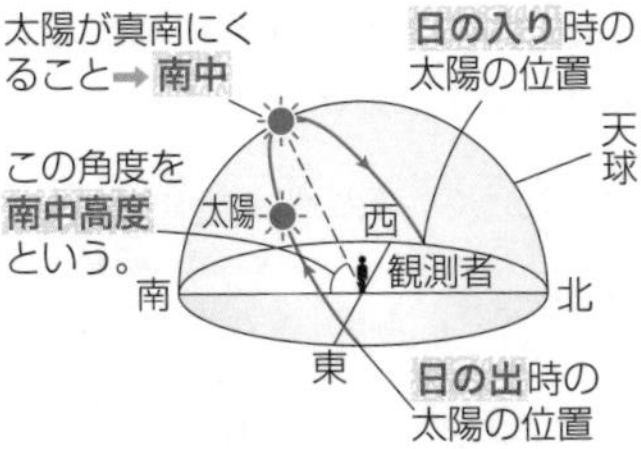

太陽が真南にくること➡**南中**
日の入り時の太陽の位置
天球
この角度を**南中高度**という。
太陽
西
観測者
南
北
東
日の出時の太陽の位置

▲太陽の1日の動き

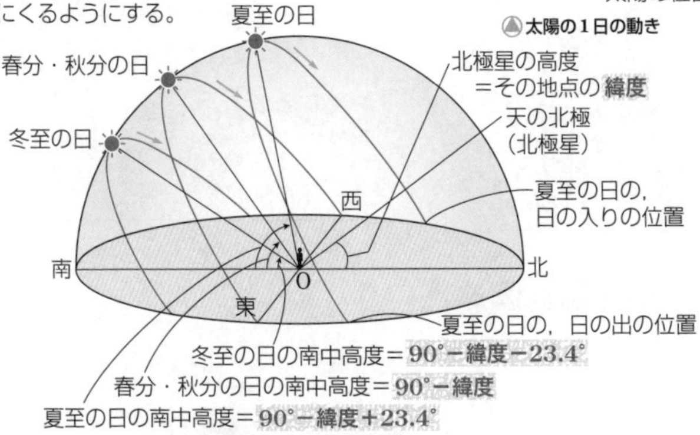

夏至の日
春分・秋分の日
冬至の日
北極星の高度＝その地点の**緯度**
天の北極（北極星）
西
夏至の日の，日の入りの位置
南
北
O
東
夏至の日の，日の出の位置
冬至の日の南中高度＝**90°－緯度－23.4°**
春分・秋分の日の南中高度＝**90°－緯度**
夏至の日の南中高度＝**90°－緯度＋23.4°**

▲季節による太陽の通り道

過去問

〔福岡－改〕

次の文を読み，あとの問いに答えなさい。

ある地点で，夏至(げし)，秋分，冬至(とうじ)，それぞれの日に透明(とうめい)半球を用い，9時から15時までの太陽の動きを1時間ごとに調べ，•印をつけた。

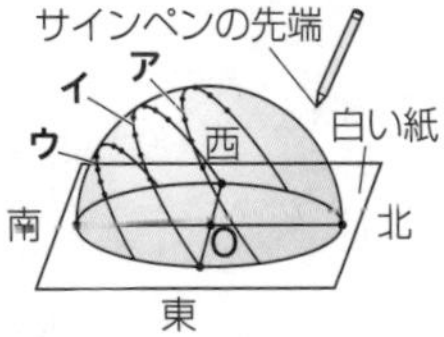

サインペンの先端
ア
イ
ウ
西
白い紙
南
北
O
東

⑴図のア，イ，ウの太陽の道筋は，それぞれ夏至，秋分，冬至のどの日か。

⑵次の文の（　）に適切な語を入れ，文を完成せよ。

太陽の1日の見かけの動きが起こるのは，地球が地軸(ちじく)を軸として，（①　　から　　）に（②　　）しているからである。

⑴ア―夏至　イ―秋分　ウ―冬至　⑵①西から東　②自転

月　日

27. 太陽系やその他の天体

① 金星の見え方 ★★

地球の公転軌道(きどう)より内側にある金星は，満ち欠けをしたり，見かけの大きさが変化する。

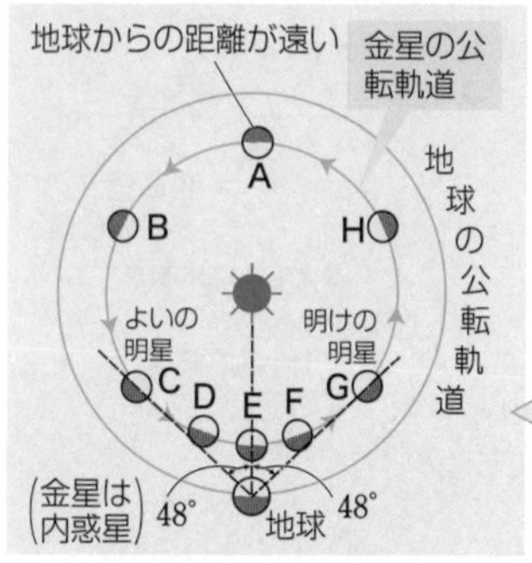

金星は地球の内側を公転するので，真夜中に見ることはできない。

天体望遠鏡で観察すると，上下・左右が反対に見えるので注意！

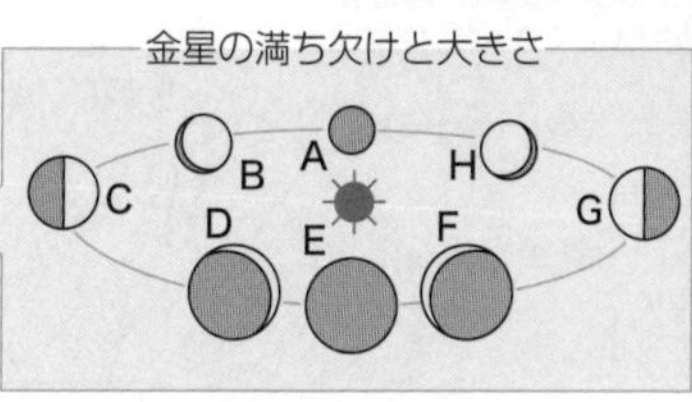

② 太陽系の構造 ★

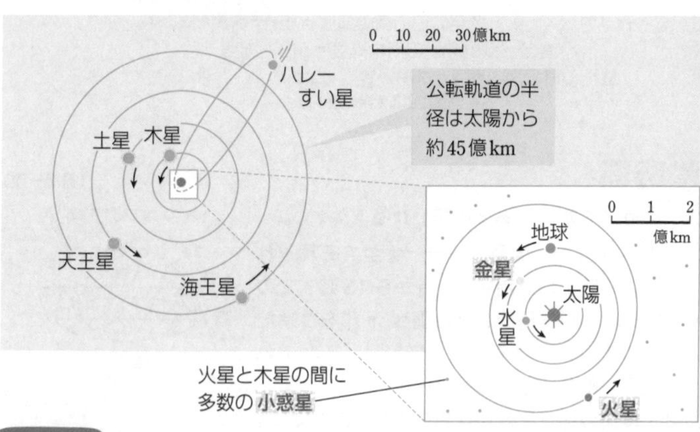

ここ重要

太陽系は，太陽，惑星(わくせい)，衛星(えいせい)，小惑星，太陽系外縁(がいえん)天体，すい星などからなる。

入試では　太陽の表面のようす，月の満ち欠け，金星や火星などの惑星の見え方，太陽系の問題が出題される。

③ 太陽のようす★

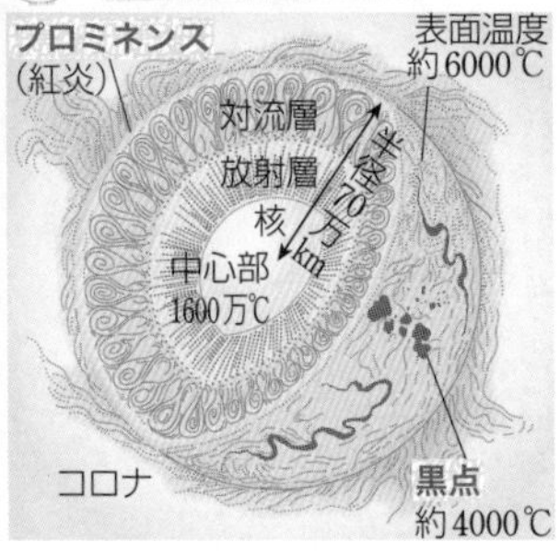

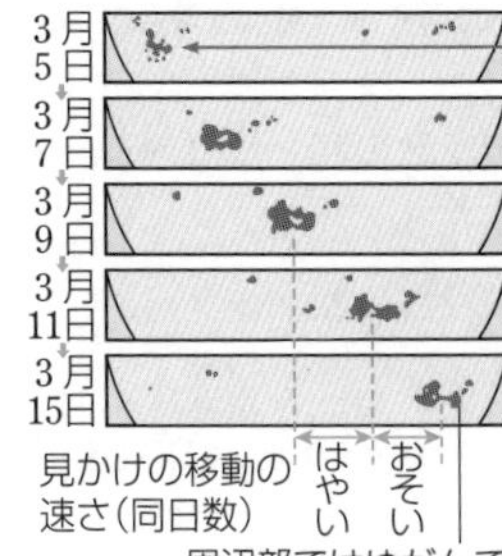

④ 月の満ち欠け★

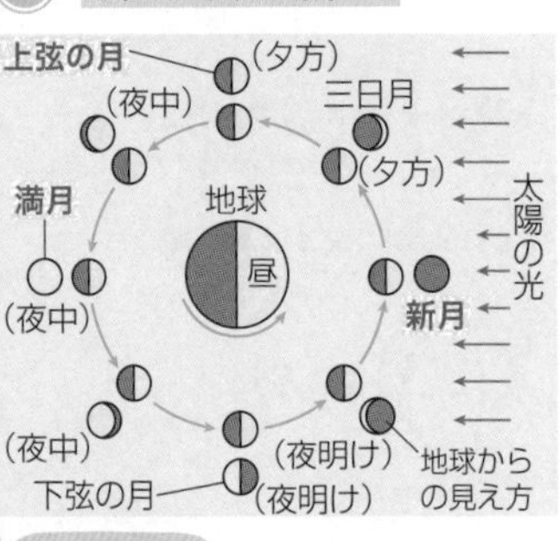

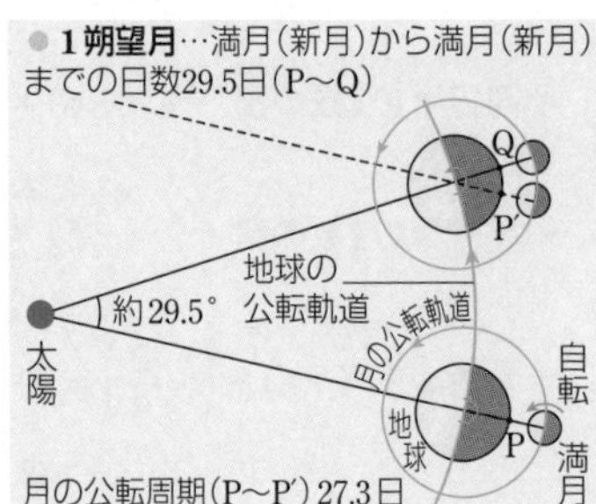

ここ注意！

月は地球を1公転する間に1自転➡つねに地球に同じ面

過去問　〔長崎－改〕

図1は，金星の動きの模式図である。次の問いに答えなさい。

⑴金星がAの位置にあるとき，地球からは，金星はいつごろどの方向の空に見えるか。

⑵金星がB→C→Dと位置を変えたとき，図2の①～④のどの形に見えるか。

⑴夕方，西の空　⑵②→④→①

月　日

1. 正の数・負の数の計算

① 正の数・負の数の加減★★

❶同符号の2数の和 → $(-3)+(-2)=-(3+2)=-5$

（同符号／共通の符号／絶対値の和）

❷異符号の2数の和 → $(+3)+(-5)=-(5-3)=-2$

（異符号／絶対値の大きいほうの符号／絶対値の差）

❸減法 → $(+4)-(-4)=(+4)+(+4)=+8$

（加法になおす／符号を変える）

② 正の数・負の数の乗除★★

❶同符号の2数の積 → $(-6)\times(-2)=+(6\times2)=+12$

（同符号／正の符号／絶対値の積）

❷異符号の2数の積 → $(-5)\times(+4)=-(5\times4)=-20$

（異符号／負の符号／絶対値の積）

❸除法 → $(+8)\div\left(-\frac{2}{3}\right)=(+8)\times\left(-\frac{3}{2}\right)=-12$

（乗法になおす／逆数）

③ 累乗★★

❶ $(-5)^2=(-5)\times(-5)=+25$ 　（(−5)を2回かける）

❷ $-5^2=-(5\times5)=-25$ 　（5を2回かける）

④ 四則の混じった計算★★★

累乗・かっこの中 → 乗法・除法 → 加法・減法 の順に計算する。

$4\times(2^3+3)-10=4\times(8+3)-10=4\times11-10=44-10=34$

（累乗を計算／かっこの中を計算／乗法を計算／減法を計算）

2. 式の計算（1）

① かっこをふくむ式の計算 ★★★

かっこをはずして同類項(文字の部分が同じ項)をまとめる。

$3(3a+b)-(a-2b)$
$=9a+3b-a+2b$ ← 分配法則
$=8a+5b$ ← 同類項をまとめる

かっこのはずし方
+(　)→そのままはずす
−(　)→かっこの中の符号を変えてはずす
数×(　)→分配法則

② 分数の形の式の計算 ★★★

$$\frac{2x-y}{3}+\frac{x-4y}{4}=\frac{4(2x-y)+3(x-4y)}{12}$$

└通分する┘　↑2つの分母の最小公倍数

$$=\frac{8x-4y+3x-12y}{12}=\frac{11x-16y}{12}$$

③ 式の値 ★★

問 $a=\frac{2}{3}$, $b=4$ のとき，$(5a+2b)-(2a+b)$ の値を求めなさい。

解 $(5a+2b)-(2a+b)=3a+b=3\times\frac{2}{3}+4=2+4=6$

（式を簡単にする）（数を代入する）

④ 整数の表し方 ★★

m, n を整数とする。

❶偶数 → $2m$　奇数 → $2n+1$ または $2n-1$
❷連続する整数 → ……, $n-1$, n, $n+1$, $n+2$, ……
❸十の位の数が a, 一の位の数が b の自然数 → $10a+b$

part 1 社会　part 2 理科　part 3 数学　part 4 英語　part 5 国語

月　日

3. 式の計算 (2)

1 単項式(たんこうしき)の乗除 ★★

❶乗法

$5x \times 2y = 10xy$

係数の積／文字の積

❷除法

$5a^3 \div 10a = 5a^3 \times \frac{1}{10a} = \frac{5a^3}{10a} = \frac{a^2}{2}$

逆数をかける／約分する

❸乗除の混じった計算

$8ab^2 \div \left(-\frac{4}{3}b\right) \times 2a = 8ab^2 \times \left(-\frac{3}{4b}\right) \times 2a$ ← 乗法だけの式になおす

$= -\frac{8ab^2 \times 3 \times 2a}{4b}$

$= -12a^2b$

まとめて約分する

2 多項式と単項式の乗除 ★★

❶乗法 → $-3a(4a-7b) = -3a \times 4a - 3a \times (-7b)$

$= -12a^2 + 21ab$

❷除法 → $(2x^2-8xy) \div \frac{2}{3}x = (2x^2-8xy) \times \frac{3}{2x}$

逆数をかける

$= 2x^2 \times \frac{3}{2x} - 8xy \times \frac{3}{2x} = 3x - 12y$

約分する

3 多項式の乗法 ★★★

$(a+b)(c+d) = ac + ad + bc + bd$
（①ac ②ad ③bc ④bd）

式 $(a+b)(c+d)$ を展開するという。

例 $(a+4)(2b-1) = 2ab - a + 8b - 4$

4. 乗法公式と因数分解

① 乗法公式 ★★★

❶ $(x+a)(x+b)=x^2+(a+b)x+ab$

❷ $(x+a)^2=x^2+2ax+a^2$

❸ $(x-a)^2=x^2-2ax+a^2$

❹ $(x+a)(x-a)=x^2-a^2$

例 $(x+4)^2-(x+5)(x-2)$

$=x^2+2\times4\times x+4^2-\{x^2+(5-2)x+5\times(-2)\}$

$=x^2+8x+16-x^2-3x+10=\mathbf{5x+26}$

② 因数分解 ★★★

❶共通因数をくくり出す。

$ma+mb=m(a+b)$

共通因数

乗法公式を利用する前に，共通因数がないか確かめておこう。

❷乗法公式を逆に利用する。

$x^2+(a+b)x+ab=(x+a)(x+b)$

$x^2+2ax+a^2=(x+a)^2$　$x^2-2ax+a^2=(x-a)^2$

$x^2-a^2=(x+a)(x-a)$

例 ①$x^2+7x-30=x^2+\{10+(-3)\}x+10\times(-3)=\mathbf{(x+10)(x-3)}$

②$9a^2-6a+1=(3a)^2-2\times1\times3a+1^2=\mathbf{(3a-1)^2}$

③$5x^2-20=5(x^2-4)=5(x^2-2^2)=\mathbf{5(x+2)(x-2)}$

↑共通因数

③ おきかえを利用する因数分解 ★★

$ab-a-2b+2=a(b-1)-2(b-1)$

$=aM-2M$　← $b-1=M$ とおく

$=M(a-2)$　← 共通因数 M でくくる

$=(b-1)(a-2)$　← M をもとにもどす

月　日

5. 平方根（1）

① 根号をふくむ式の乗除★★★

正の数 a, b について,

❶乗法 → $\sqrt{a}\times\sqrt{b}=\sqrt{ab}$

❷除法 → $\sqrt{a}\div\sqrt{b}=\sqrt{\dfrac{a}{b}}$

❸根号のついた数の変形 → $a\sqrt{b}=\sqrt{a^2}\sqrt{b}=\sqrt{a^2b}$

2乗して a になる数を a の平方根といい, $\sqrt{a}$ と $-\sqrt{a}$ がある。

例 ①$\sqrt{7}\times\sqrt{3}=\sqrt{7\times3}=\sqrt{21}$　②$\sqrt{54}\div\sqrt{9}=\sqrt{\dfrac{54}{9}}=\sqrt{6}$

③$5\sqrt{3}=\sqrt{5^2\times3}=\sqrt{75}$　④$\sqrt{18}=\sqrt{3^2\times2}=3\sqrt{2}$

② 分母の有理化★★★

分母と分子に同じ数をかけて, 分母に根号がない形にする。

正の数 b について, $\dfrac{a}{\sqrt{b}}=\dfrac{a\times\sqrt{b}}{\sqrt{b}\times\sqrt{b}}=\dfrac{a\sqrt{b}}{b}$

例 ①$\dfrac{2}{\sqrt{5}}=\dfrac{2\times\sqrt{5}}{\sqrt{5}\times\sqrt{5}}=\dfrac{2\sqrt{5}}{5}$　②$\dfrac{4}{3\sqrt{2}}=\dfrac{4\times\sqrt{2}}{3\sqrt{2}\times\sqrt{2}}=\dfrac{4\sqrt{2}}{6}=\dfrac{2\sqrt{2}}{3}$

③ 根号をふくむ式の加減★★★

正の数 a について,

❶加法 → $m\sqrt{a}+n\sqrt{a}=(m+n)\sqrt{a}$

❷減法 → $m\sqrt{a}-n\sqrt{a}=(m-n)\sqrt{a}$

例 ①$7\sqrt{3}+2\sqrt{3}=(7+2)\sqrt{3}=9\sqrt{3}$

②$\sqrt{27}-\sqrt{12}=3\sqrt{3}-2\sqrt{3}=(3-2)\sqrt{3}=\sqrt{3}$

ここ重要

√の中の数はできるだけ小さい自然数にしておく。

6. 平方根（2）

1 根号をふくむ式のいろいろな計算 ★★★

根号のついた数を文字のように考えて計算する。

❶ $\sqrt{2}(\sqrt{6}-2)$
$=\sqrt{2}\times\sqrt{6}-\sqrt{2}\times 2$ ← 分配法則
$=\sqrt{12}-2\sqrt{2}$
$=2\sqrt{3}-2\sqrt{2}$

❷ $(\sqrt{5}-3)^2$
$=(\sqrt{5})^2-2\times 3\times\sqrt{5}+3^2$ ← 乗法公式
$=5-6\sqrt{5}+9$
$=14-6\sqrt{5}$

2 整数になる平方根 ★★

問 $\sqrt{28n}$ が整数となる自然数 n のうち，最小のものを求めなさい。

解 28を素因数分解すると，
$28=2^2\times 7$ だから，
$\sqrt{28n}=\sqrt{2^2\times 7\times n}=2\sqrt{7n}$
$7n$ をある整数の2乗とする
最小の自然数 n は，
$n=7$

素数で順にわっていく →
2) 28
2) 14
　　 7
商が素数になるまで続ける →

3 整数部分と小数部分 ★★

問 $\sqrt{10}$ の整数部分と小数部分を求めなさい。

解 $\sqrt{9}<\sqrt{10}<\sqrt{16}$ だから，
$3<\sqrt{10}<4$
よって，$\sqrt{10}$ の整数部分は 3
$\sqrt{10}=3+$小数部分 だから，
$\sqrt{10}$ の小数部分は $\sqrt{10}-3$

a，b が正の数のとき，
$a<b$ ならば，$\sqrt{a}<\sqrt{b}$

月　日

7. 1次方程式

① 1次方程式の解き方 ★★★

$$\frac{3}{5}x+\frac{3}{2}=\frac{1}{3}x-\frac{7}{6}$$

両辺に分母の最小公倍数をかける

$$30\left(\frac{3}{5}x+\frac{3}{2}\right)=30\left(\frac{1}{3}x-\frac{7}{6}\right)$$

係数を整数にする

$$18x+45=10x-35$$

$ax=b$ の形にする

$$8x=-80$$

両辺をxの係数でわる

$$x=-10$$

係数が小数のときは，両辺を10倍，100倍などして係数を整数になおす。

ここ注意！

移項するときは符号（ふごう）の変え忘れに注意する。

② 比例式の解き方 ★★

外項

$a:b=c:d$ ならば $ad=bc$　外項の積と内項の積は等しい。

内項

例　$x:(x+3)=4:5$ ならば，$5x=4(x+3)$　$5x=4x+12$

$x\times5$　$(x+3)\times4$

$x=12$

③ 方程式の利用でよく使う公式 ★★

❶距離（きょり）＝速さ×時間　❷代金＝単価×個数

❸a人のx%増…$a\left(1+\dfrac{x}{100}\right)$人　a人のx%減…$a\left(1-\dfrac{x}{100}\right)$人

❹食塩の重さ＝食塩水の重さ×$\dfrac{濃度(\%)}{100}$

例　x%の食塩水300gにふくまれる食塩の重さは，$300\times\dfrac{x}{100}=3x$(g)

8. 連立方程式

① 加減法による解き方 ★★★

問 $\begin{cases} 3x+2y=15 & \cdots\cdots① \\ 4x-3y=3 & \cdots\cdots② \end{cases}$ を加減法で解きなさい。

解 （yの係数の絶対値をそろえる）

①×3　$9x+6y=45$
②×2　+) $8x-6y=6$
$17x=51$
$x=3$

$x=3$ を①に代入して，
$3\times3+2y=15$
$2y=15-9$
$y=3$　（答え）$x=3$，$y=3$

② 代入法による解き方 ★★

問 $\begin{cases} x+y=5 & \cdots\cdots① \\ 2x-5y=-4 & \cdots\cdots② \end{cases}$ を代入法で解きなさい。

解 ①を x について解いて，
$x=5-y$ ……③
③を②に代入して，
$2(5-y)-5y=-4$
$10-2y-5y=-4$
$-7y=-14$
$y=2$
$y=2$ を③に代入して，
$x=5-2=3$
（答え）$x=3$，$y=2$

③ $A=B=C$ の形の連立方程式 ★★

次のどれかの組み合わせをつくって解く。

$\begin{cases} A=B \\ A=C \end{cases}$（$A$が共通）　$\begin{cases} A=B \\ B=C \end{cases}$（$B$が共通）　$\begin{cases} A=C \\ B=C \end{cases}$（$C$が共通）

いちばん簡単な式を2回使うとよい。

例 $3x-2y=-x+8y=11$ → $\begin{cases} 3x-2y=11 & \cdots\cdots① \\ -x+8y=11 & \cdots\cdots② \end{cases}$ を解く。

①+②×3 より，$22y=44$　$y=2$

$y=2$ を①に代入して，$x=5$　（答え）$x=5$，$y=2$

月　日

9. 2次方程式

① 平方根の考えによる解き方 ★★

❶ $ax^2=b \rightarrow x^2=\frac{b}{a} \rightarrow x=\pm\sqrt{\frac{b}{a}}$

❷ $(x+m)^2=n \rightarrow x+m=\pm\sqrt{n} \rightarrow x=-m\pm\sqrt{n}$

例 ① $2x^2=6$　$x^2=3$　$x=\pm\sqrt{3}$

平方根を求める

② $(x-1)^2=5$　$x-1=\pm\sqrt{5}$　$x=1\pm\sqrt{5}$

② 因数分解による解き方 ★★★

❶ $x(x-a)=0 \rightarrow x=0,\ x=a$

❷ $(x-a)(x-b)=0 \rightarrow x=a,\ x=b$

❸ $(x-a)^2=0 \rightarrow x=a$

A×B=0 ならば
A=0 または B=0

例 ① $x^2-7x=0$　$x(x-7)=0$　$x=0,\ x=7$

左辺を因数分解する

② $x^2+x-12=0$　$(x-3)(x+4)=0$　$x=3,\ x=-4$

③ 解の公式による解き方 ★★★

$ax^2+bx+c=0$ の解 → $x=\frac{-b\pm\sqrt{b^2-4ac}}{2a}$

例 $x^2-6x+2=0$ の解は，解の公式に $a,\ b,\ c$ の値を代入して，

$a=1,\ b=-6,\ c=2$

$$x=\frac{-(-6)\pm\sqrt{(-6)^2-4\times1\times2}}{2\times1}=\frac{6\pm\sqrt{28}}{2}=\frac{6\pm2\sqrt{7}}{2}=3\pm\sqrt{7}$$

ここ注意！

解の公式は複雑なので，しっかり覚えて計算ミスに注意する。

10. 比例と反比例

① 比例 ★★

❶比例を表す式 → $y=ax$（a は比例定数）

❷比例のグラフ → 原点を通る直線

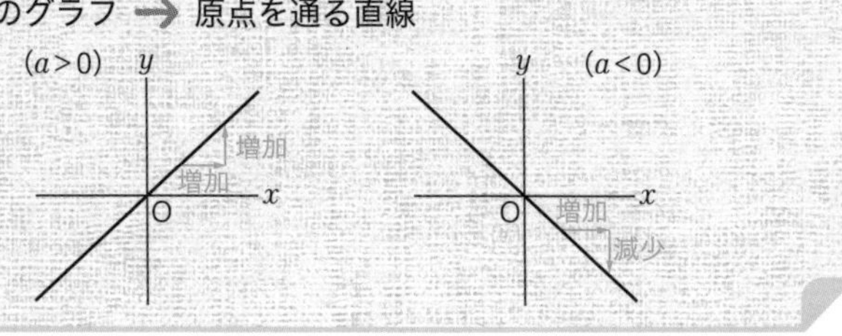

例 y は x に比例し，$x=-4$ のとき $y=8$ である。y を x の式で表しなさい。

→$y=ax$（a は比例定数）に $x=-4$，$y=8$ を代入すると，$a=-2$

よって，$y=-2x$

② 反比例 ★★

❶反比例を表す式 → $y=\frac{a}{x}$（a は比例定数）

❷反比例のグラフ → 双曲線（そうきょくせん）とよばれる2つのなめらかな曲線で，原点について対称（たいしょう）

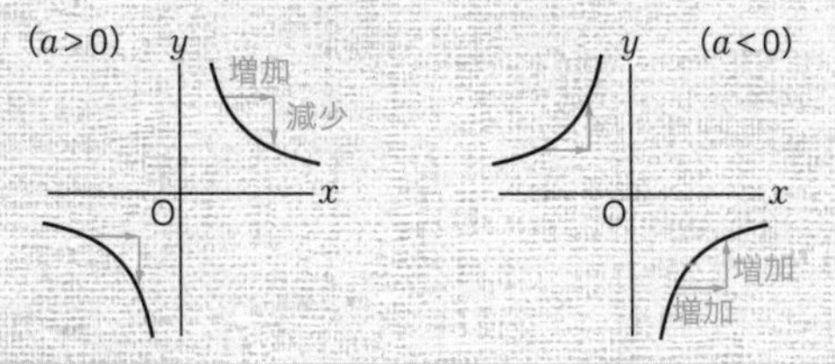

例 y は x に反比例し，$x=3$ のとき $y=-6$ である。$x=-2$ のときの y の値を求めなさい。

→$y=\frac{a}{x}$（a は比例定数）より，$a=xy$ で xy は一定である。

よって，$3\times(-6)=-2\times y$　$y=9$

月　日

11. 1次関数（1）

① 1次関数★★

❶1次関数の式 → $y=ax+b$（a, b は定数）

❷1次関数のグラフ → 傾き（かたむ）が a, 切片が b の直線

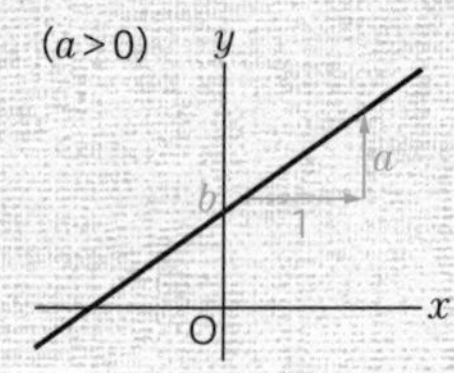

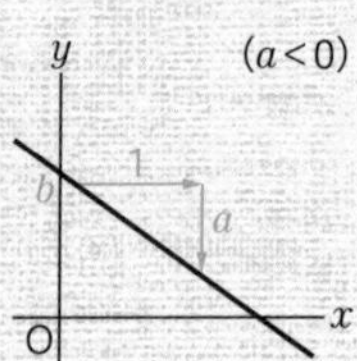

② 1次関数の変化の割合★★

1次関数 $y=ax+b$ では，変化の割合は一定で，a に等しい。

変化の割合$=\dfrac{y\text{の増加量}}{x\text{の増加量}}=a$

例 1次関数 $y=4x-1$ について，x の増加量が3のときの y の増加量は，
y の増加量$=a\times$（x の増加量）$=4\times3=12$

③ 1次関数の変域★★

問 1次関数 $y=2x+1$ で，x の変域が $1\leqq x\leqq4$ のときの y の変域を求めなさい。

解 右の図のように，
$x=1$ のとき，$y=2\times1+1=3$
$x=4$ のとき，$y=2\times4+1=9$
よって，y の変域は，
$3\leqq y\leqq9$

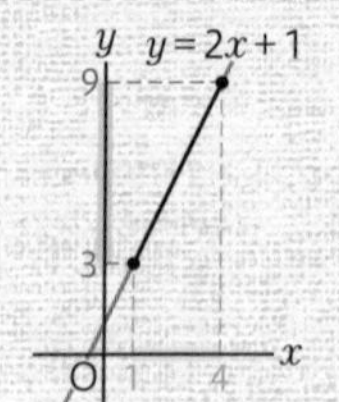

12. 1次関数（2）

① 直線の式の求め方★★★

問 2点(2, 3), (5, 9)を通る直線の式を求めなさい。

解 求める式を $y=ax+b$ とする。傾き a は変化の割合に等しいから，$a=\dfrac{y\text{の増加量}}{x\text{の増加量}}=\dfrac{9-3}{5-2}=2$

$y=2x+b$ に $x=2, y=3$ を代入して，$3=2\times2+b$　$b=-1$

よって，求める式は $y=2x-1$

② 2元1次方程式のグラフ★★

❶ $2x+3y=6$ のグラフ

↓

y について解くと，$y=-\dfrac{2}{3}x+2$

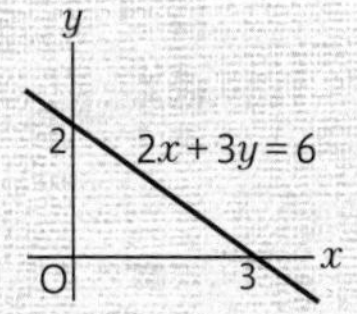

❷ $y=2$ のグラフ

y
2
O
x

x 軸(じく)に平行

❸ $x=-1$ のグラフ

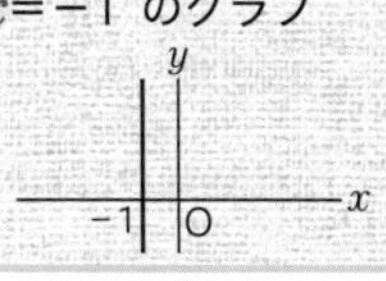

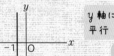

y 軸に平行

③ 連立方程式とグラフ★★★

2直線 $y=ax+b$, $y=cx+d$ の交点の座標 ⟺ 連立方程式 $\begin{cases}y=ax+b\\y=cx+d\end{cases}$ の解

例 2直線 $y=x+2$, $y=-2x+8$ の交点の座標を求めなさい。

→連立方程式 $\begin{cases}y=x+2 & \cdots\cdots①\\y=-2x+8 & \cdots\cdots②\end{cases}$ を解く。

①を②に代入して，$x+2=-2x+8$　$x=2$

①に $x=2$ を代入して，$y=4$　よって，交点の座標は(2, 4)

月　日

13. 関数 $y=ax^2$

① 関数 $y=ax^2$ ★★

❶ 2乗に比例する関数の式 → $y=ax^2$（a は比例定数）

❷ 関数 $y=ax^2$ のグラフ → 原点を通り，y 軸について対称な放物線

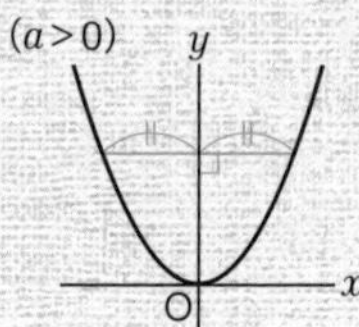

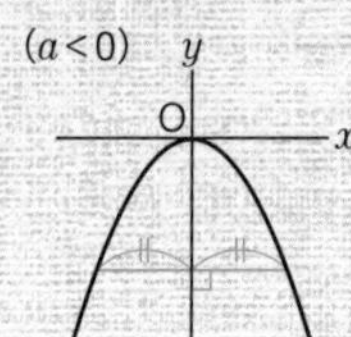

② 関数 $y=ax^2$ の変域 ★★★

問 関数 $y=2x^2$ で，x の変域が $-1<x\leqq2$ のときの y の変域を求めなさい。

解 右の図のように，
$x=0$ のとき，$y=0$ で最小
$x=2$ のとき，$y=2\times2^2=8$ で最大
よって，y の変域は，
$0\leqq y\leqq8$

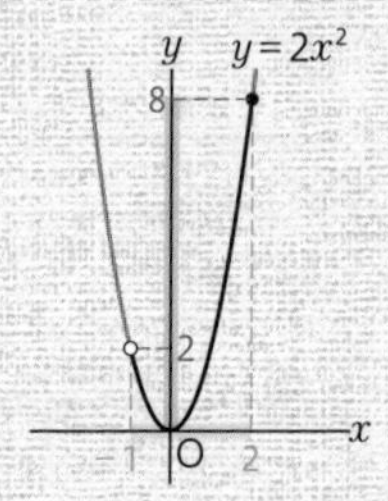

③ 関数 $y=ax^2$ の変化の割合 ★★★

関数 $y=ax^2$ について，x の値が p から q まで増加するときの変化の割合は，

$$\frac{y\text{の増加量}}{x\text{の増加量}}=\frac{aq^2-ap^2}{q-p}=\frac{a(q+p)(q-p)}{q-p}=a(p+q)$$

14. 放物線と直線

① 放物線と直線の交点 ★★

放物線 $y=ax^2$ と直線 $y=bx+c$ の交点の座標	→	2次方程式 $ax^2=bx+c$ を解く	→	求めた x 座標をそれぞれ代入して y 座標を求める

例 放物線 $y=x^2$ と直線 $y=x+6$ の交点の座標を求めなさい。
→$x^2=x+6$ より，$(x+2)(x-3)=0$　$x=-2$，3
$y=x^2$ より，$x=-2$ のとき $y=4$，$x=3$ のとき $y=9$
よって，交点の座標は，$(-2,\ 4)$と$(3,\ 9)$

② 放物線と図形 ★★★

問 右の図のように，放物線 $y=x^2$ と直線 $y=x+6$ が2点A，Bで交わっている。
①△OABの面積を求めなさい。
②点Bを通り，△OABの面積を2等分する直線の式を求めなさい。

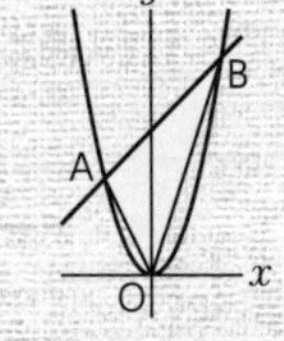

解 ①A$(-2,\ 4)$，B$(3,\ 9)$である。
△OAB＝△OAC＋△OBC
$=\frac{1}{2}\times6\times2+\frac{1}{2}\times6\times3=15$

②求める直線は線分OAの中点Mを通る。
Mの座標は，$\left(\frac{0-2}{2},\ \frac{0+4}{2}\right)=(-1,\ 2)$
2点M$(-1,\ 2)$，B$(3,\ 9)$を通る直線の式を求めると，
$y=\frac{7}{4}x+\frac{15}{4}$

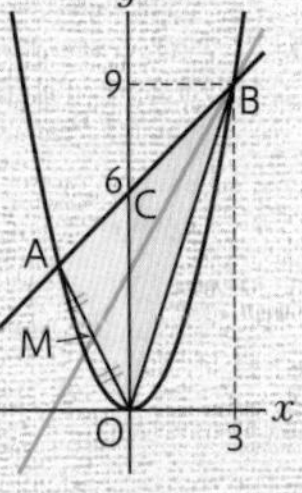

2点$(a,\ b)$，$(c,\ d)$の中点
→$\left(\frac{a+c}{2},\ \frac{b+d}{2}\right)$

月　日

15. 平面図形

① 図形の移動 ★★

❶平行移動

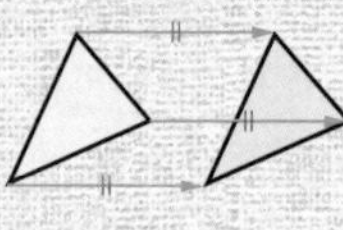

❷回転移動

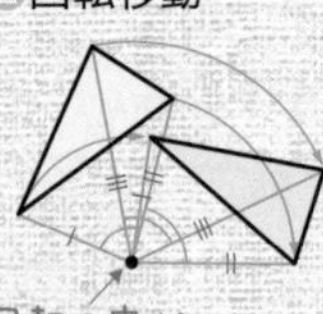

❸対称(たいしょう)移動

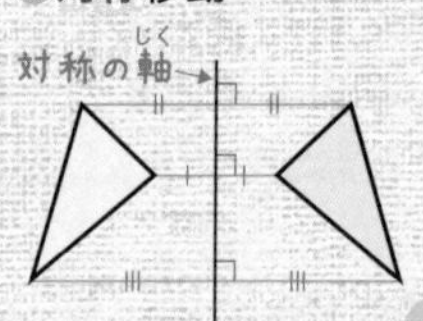

② 基本の作図 ★★★

❶線分の垂直二等分線の作図

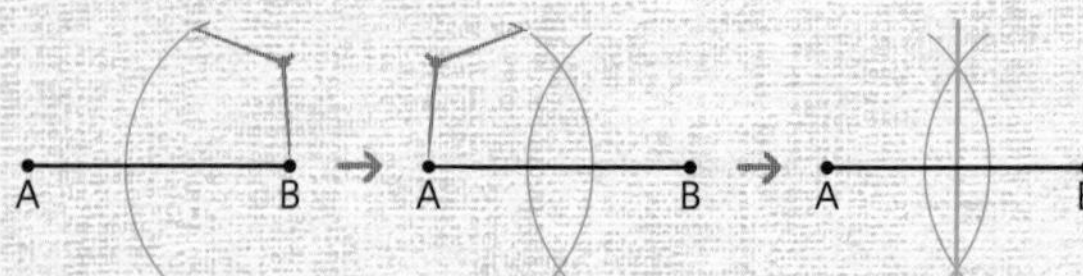

❷角の二等分線の作図

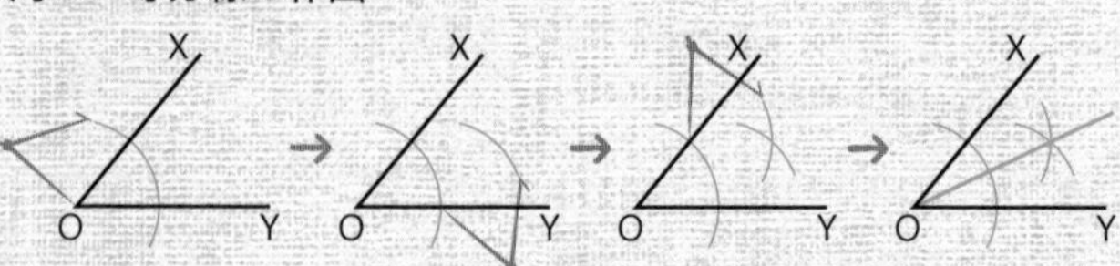

❸垂線の作図

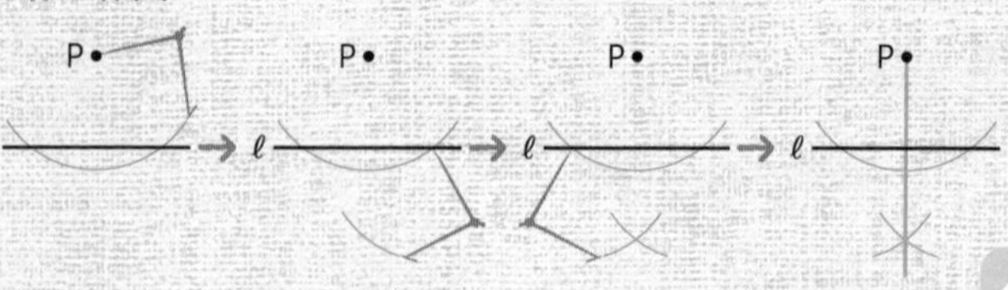

ここ重要

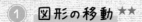

2点から等しい距離(きょり)にある点は，2点を結ぶ線分の垂直二等分線上にある。

16. 空間図形

① ねじれの位置 ★★

空間内で，平行でなく，交わらない2つの直線は，**ねじれの位置**にあるという。

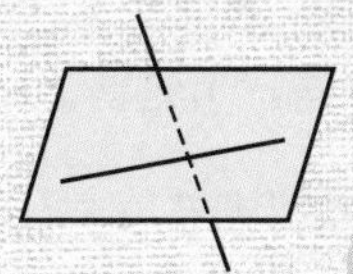

例 右の直方体で，
辺ABと平行な辺は，辺DC，HG，**EF**
辺AEと垂直な面は，面ABCD，**EFGH**
辺ADとねじれの位置にある辺は，
辺BF，**CG**，EF，HG

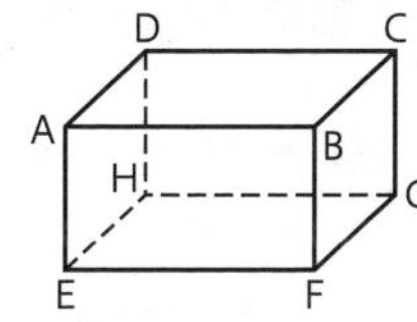

② 回転体 ★★

1つの平面図形を，ある直線を軸として回転させてできる立体を回転体という。

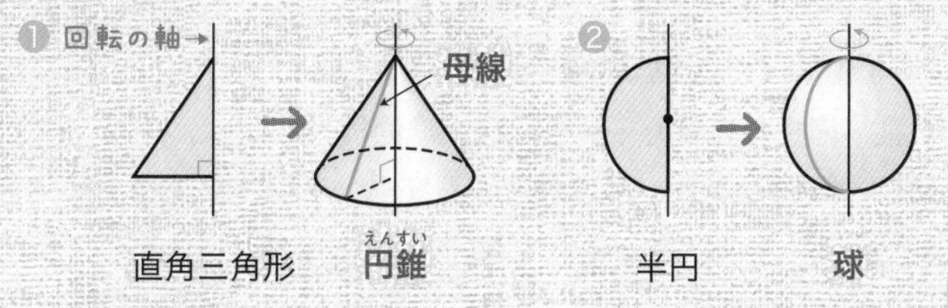

③ 投影図 ★★

（とうえいず）

立面図，平面図を組み合わせた図を投影図という。

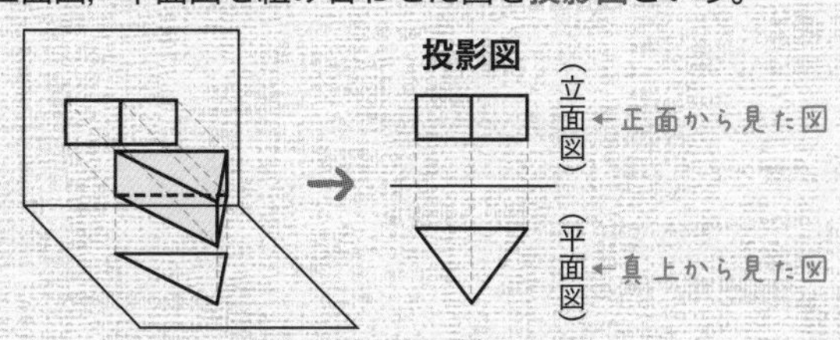

月　日

17. 図形の計量（1）

① おうぎ形の弧（こ）の長さと面積 ★★

半径 r，中心角 $x°$ のおうぎ形において，

❶弧の長さ　$\ell=2\pi r\times\frac{x}{360}$

❷面積 $S=\pi r^2\times\frac{x}{360}$　または，$S=\frac{1}{2}\ell r$

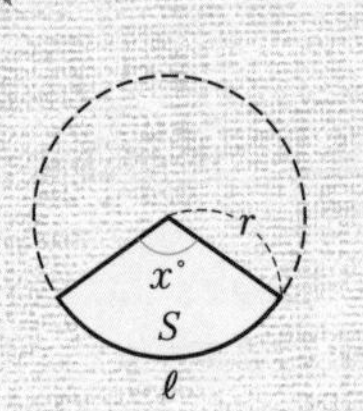

例　半径6cm，弧の長さ2πcmのおうぎ形の，中心角の大きさと面積を求めなさい。

→中心角を $x°$ とすると，$2\pi\times6\times\frac{x}{360}=2\pi$　$x=60$

よって，中心角は60°

面積は，$\frac{1}{2}\times2\pi\times6=6\pi\ (\mathrm{cm}^2)$

② 角柱・円柱の表面積と体積 ★★★

❶角柱・円柱の表面積 → 側面積＋底面積×2

❷角柱・円柱の体積 → 底面積×高さ

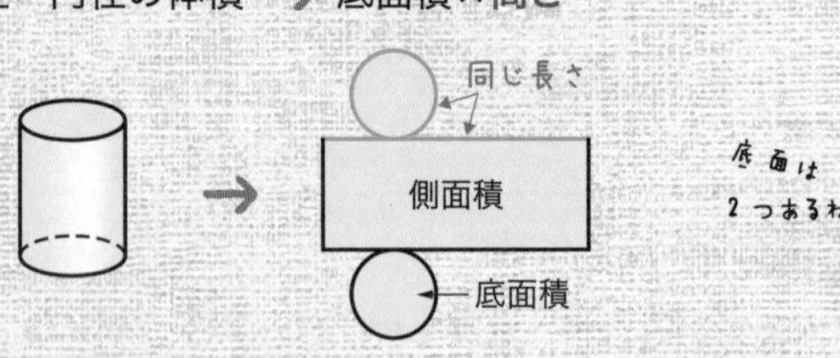

例　右の図の長方形を，直線 ℓ を軸（じく）として1回転させてできる立体の表面積と体積を求めなさい。

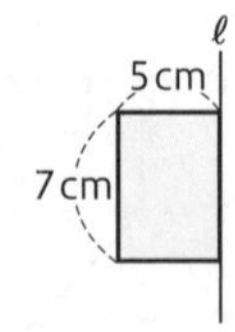

→できる立体は，底面の半径5cm，高さ7cmの円柱である。表面積は，

$7\times(2\pi\times5)+\pi\times5^2\times2=120\pi\ (\mathrm{cm}^2)$

体積は，$\pi\times5^2\times7=175\pi\ (\mathrm{cm}^3)$

18. 図形の計量（2）

① 角錐・円錐の表面積と体積 ★★★

❶角錐・円錐の表面積 → 側面積＋底面積

❷角錐・円錐の体積 → $\frac{1}{3}$×底面積×高さ

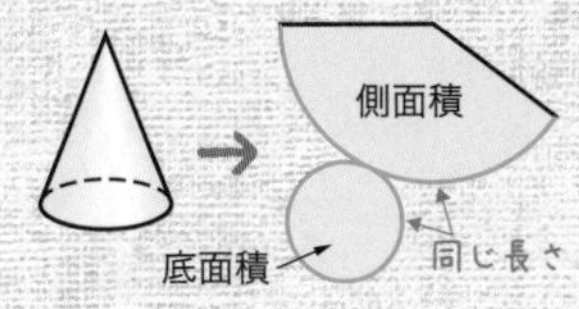

底面の半径 r，母線の長さ R の円錐の側面積 S は，次の式で求められる。
$S=\frac{1}{2}\times 2\pi r\times R=\pi rR$

例　右の図のような円錐の表面積を求めなさい。

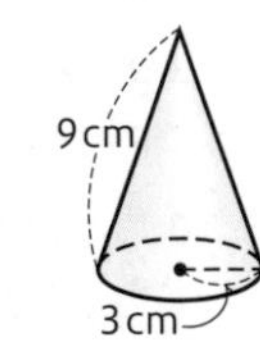

→側面のおうぎ形の中心角を $x°$ とすると，

$2\pi\times 9\times\frac{x}{360}=2\pi\times 3$　$x=120$

↑側面の弧の長さ　↑底面の円周

側面積は，$\pi\times 9^2\times\frac{120}{360}=27\pi$ (cm²)

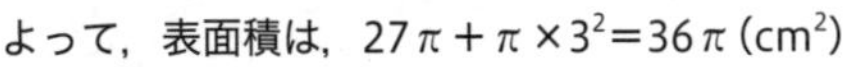

よって，表面積は，$27\pi+\pi\times 3^2=36\pi$ (cm²)

※側面積は $S=\pi rR$ を利用して，$\pi\times 3\times 9=27\pi$ (cm²)
のように求めることもできる。

② 球の表面積と体積 ★★

❶半径 r の球の表面積 → $4\pi r^2$

❷半径 r の球の体積 → $\frac{4}{3}\pi r^3$

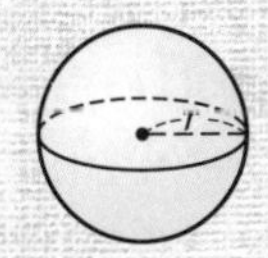

例　右の図のような半球の表面積は，

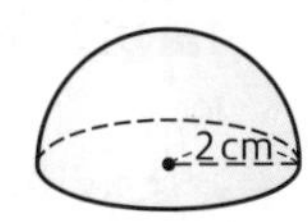

$4\pi\times 2^2\times\frac{1}{2}+\pi\times 2^2=12\pi$ (cm²)

↑曲面部分　↑平面部分

月　日

19. 平行と合同

① 対頂角と同位角・錯角(さっかく) ★★★

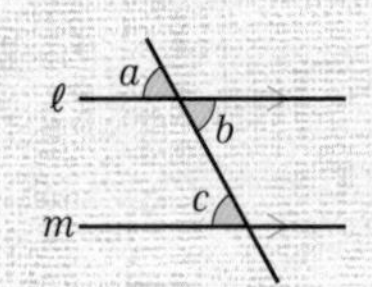

❶対頂角は等しい。 → $\angle a=\angle b$

2つの直線 ℓ，m が平行ならば，

❷同位角は等しい。 → $\angle a=\angle c$

❸錯角は等しい。 → $\angle b=\angle c$

② 多角形の角 ★★★

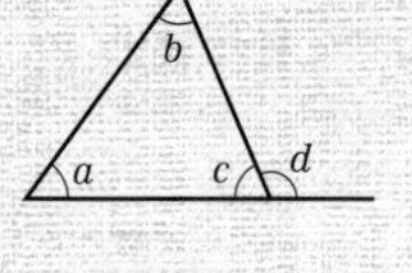

❶三角形の内角と外角

$\angle a+\angle b+\angle c=180°$（内角の和）

$\angle a+\angle b=\angle d$（内角と外角の関係）

❷n 角形の内角の和 → $180°\times(n-2)$

❸多角形の外角の和 → 360°（一定）

例 右の図で，$\ell /\!/ m$ のとき，$\angle x$ の大きさを求めなさい。

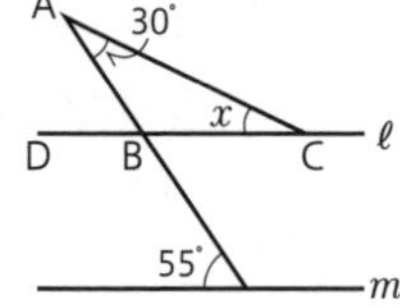

→平行線の同位角は等しいから，

$\angle$ABD＝55°

△ABCの内角と外角の関係より，

$\angle x+30°=55°$　$\angle x=25°$

③ 三角形の合同条件 ★★★

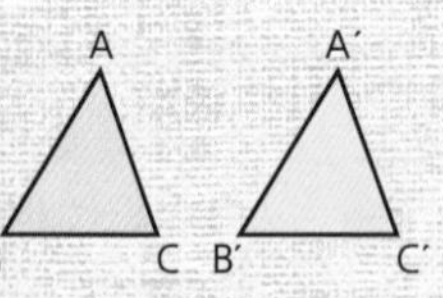

❶3組の辺がそれぞれ等しい。

❷2組の辺とその間の角がそれぞれ等しい。

❸1組の辺とその両端(りょうたん)の角がそれぞれ等しい。

❶，❷，❸のどれかが成り立てば，△ABC≡△A′B′C′

20. 三角形と四角形

① 二等辺三角形の性質 ★★

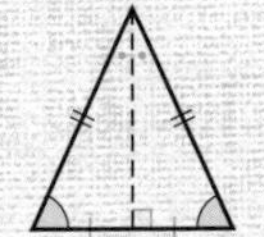

❶二等辺三角形の2つの**底角**は等しい。
❷二等辺三角形の頂角の二等分線は，底辺を垂直に**2等分**する。

② 直角三角形の合同条件 ★★

❶斜辺(しゃへん)と**1つの鋭角**(えいかく)がそれぞれ等しい。
❷斜辺と**他の1辺**がそれぞれ等しい。

③ 平行四辺形の性質 ★★

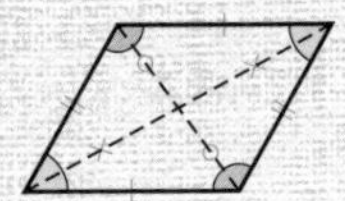

❶2組の対辺はそれぞれ等しい。
❷2組の**対角**はそれぞれ等しい。
❸対角線はそれぞれの**中点**で交わる。

④ 合同の証明 ★★★

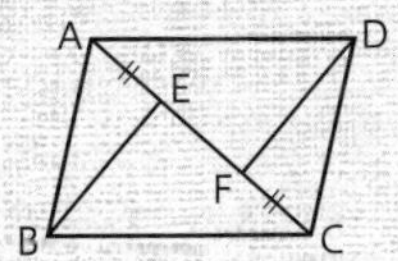

問 右の図のように，▱ABCDの対角線AC上にAE＝CFとなる2点E，Fをとる。このとき，△ABE≡△CDFであることを証明しなさい。

解 △ABEと△CDFにおいて，仮定より，AE＝CF ……①
平行四辺形の対辺は等しいから，AB＝**CD** ……②
AB//DC より，錯角は等しいから，∠BAE＝∠**DCF** ……③
①，②，③より，**2組の辺とその間の角**がそれぞれ等しいから，△ABE≡△CDF

月　日

21. 相似な図形

① 三角形の相似条件 ★★★

❶3組の辺の比がすべて等しい。
❷2組の辺の比とその間の角がそれぞれ等しい。
❸2組の角がそれぞれ等しい。

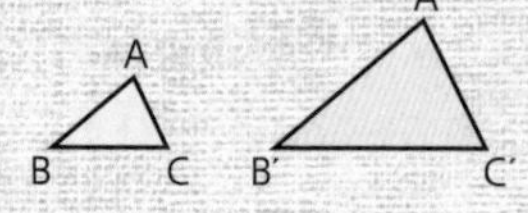

❶，❷，❸のどれかが成り立てば，△ABC∽△A′B′C′

② 相似の証明 ★★★

問 右の図のように，△ABCの頂点B，Cからそれぞれ辺AC，ABに垂線BD，CEをひく。その交点をFとするとき，△BEF∽△CDFであることを証明しなさい。

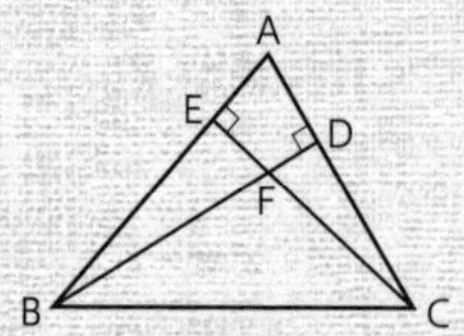

解 △BEFと△CDFにおいて，
∠BEF＝∠CDF＝90°　……①
対頂角は等しいから，∠BFE＝∠CFD　……②
①，②より，2組の角がそれぞれ等しいから，
△BEF∽△CDF

ここ注意！
合同や相似の証明では，対応する頂点を順に並べて書く。

③ 相似な図形の面積比と体積比 ★★

❶相似な平面図形の相似比が $a:b$ のとき，面積比は $a^2:b^2$

❷相似な立体の相似比が $a:b$ のとき，
- 表面積比は $a^2:b^2$
- 体積比は $a^3:b^3$

22. 平行線と線分の比

① 三角形と比 ★★

下の図で，PQ∥BC ならば，次のことが成り立つ。

❶AP：AB＝AQ：AC＝PQ：BC

❷AP：PB＝AQ：QC

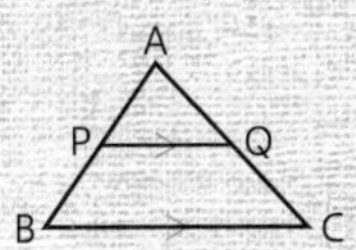

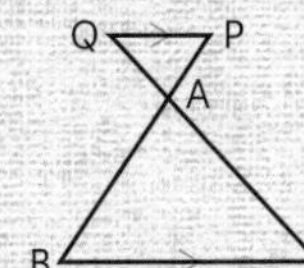

相似な三角形が
見つかるかな

例　右の図で，AB∥EF∥DC のとき，EFの長さを求めなさい。

→AB∥DC より，AE：CE＝6：9＝2：3

AB∥EF より，

EF：AB＝CE：CA＝3：(2＋3)＝3：5

AB＝6cm だから，EF＝$6\times\frac{3}{5}=\frac{18}{5}$(cm)

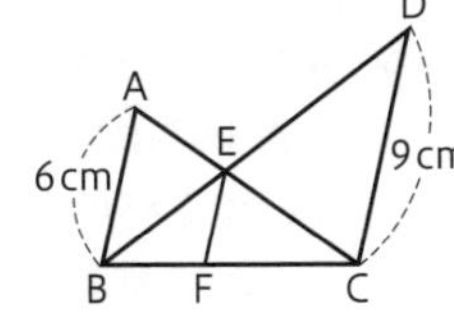

② 中点連結定理 ★★

右の図で，AM＝MB，AN＝NC のとき，次のことが成り立つ。

❶MN∥BC　❷MN＝$\frac{1}{2}$BC

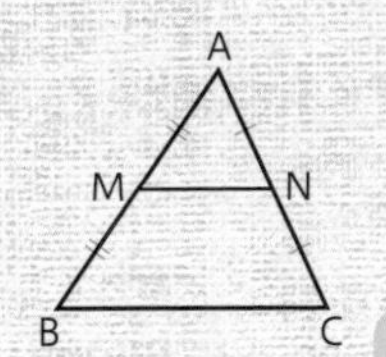

③ 角の二等分線と比 ★★

△ABCの∠Aの二等分線が辺BCと交わる点をDとすると，

AB：AC＝BD：DC

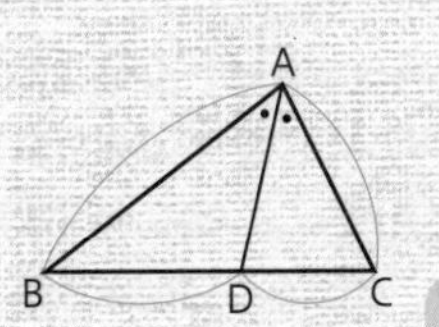

月　日

23. 円 (1)

① 円周角の定理 ★★★

❶1つの弧(こ)に対する円周角の大きさは一定である。
∠APB＝∠AQB

❷1つの弧に対する円周角の大きさは，その弧に対する中心角の半分である。

$\angle APB=\frac{1}{2}\angle AOB$

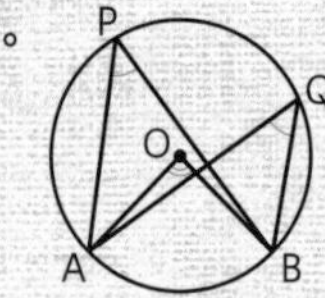

∠AOB=180°のとき，∠APB=90°
→半円の弧に対する円周角は90°になる。

例 右の図の∠xの大きさを求めなさい。
→半円の弧に対する円周角だから，∠BCD＝90°
∠ACD＝90°－65°＝25° より，
∠x＝∠ACD＝25°

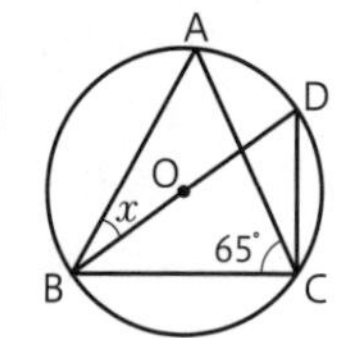

② 円周角と弧 ★★

1つの円において，円周角の大きさは弧の長さに比例する。
$x:y=a:b$

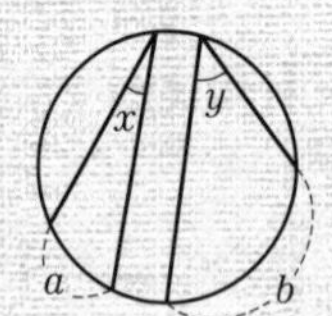

③ 円周角の定理の逆 ★★

4点A，B，P，Qについて，P，Qが直線ABについて同じ側にあって，∠APB＝∠AQB ならば，4点A，B，P，Qは同一円周上にある。

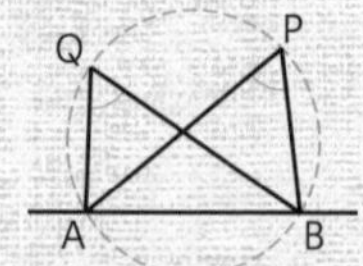

24. 円 (2)

① 円と接線 ★★

❶円の接線は，接点を通る半径に垂直である。
❷円外の1点から，その円にひいた2つの接線の長さは等しい。

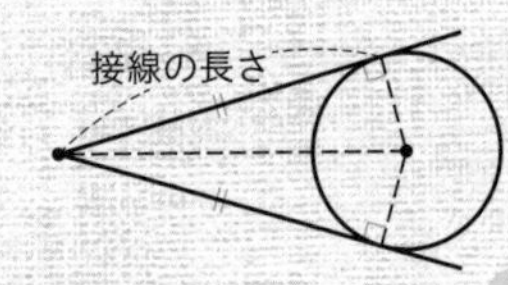

② 円と相似 ★★★

問 右の図で，4点A，B，C，Dは円周上の点で，$\overset{\frown}{AB}=\overset{\frown}{BC}$ である。弦（げん）ACとBDの交点をEとするとき，△ABD∽△EBA であることを証明しなさい。

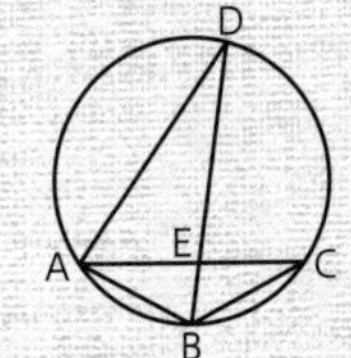

解 △ABDと△EBAにおいて，
共通な角だから，∠ABD＝∠EBA ……①
$\overset{\frown}{AB}=\overset{\frown}{BC}$ だから，∠ADB＝∠EAB ……②
①，②より，2組の角がそれぞれ等しいから，
△ABD∽△EBA

③ 円に内接する四角形 ★★

❶対角の和は180°である。
∠ABC＋∠ADC＝180°
❷1つの外角は，それととなり合う内角の対角に等しい。
∠CDE＝∠ABC

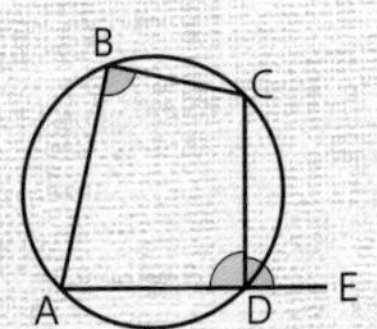

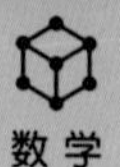

月　日

25. 三平方の定理（1）

① 三平方の定理★★★

直角三角形の直角をはさむ2辺の長さを a, b, 斜辺（しゃへん）の長さを c とすると，$a^2+b^2=c^2$ が成り立つ。

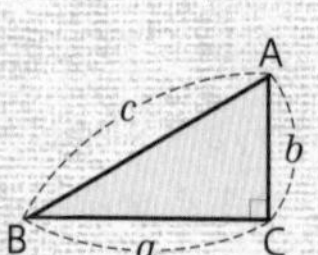

② 特別な直角三角形の3辺の比★★★

❶直角二等辺三角形

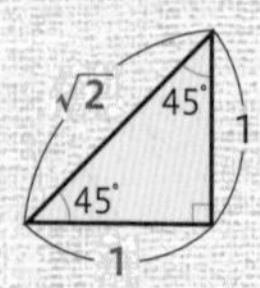

❷60°の角をもつ直角三角形

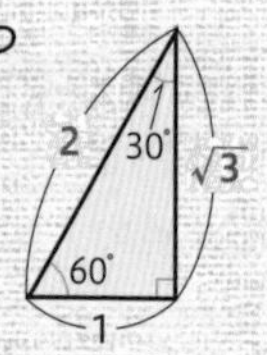

例　右の図のADの長さを求めなさい。

→△ABCで，AC：BC$=\sqrt{3}:2$ だから，

$\text{AC}=\dfrac{\sqrt{3}}{2}\text{BC}=5\sqrt{3}$ (cm)

△ADCで，三平方の定理より，

$\text{AD}=\sqrt{(5\sqrt{3})^2-5^2}=5\sqrt{2}$ (cm)

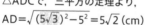

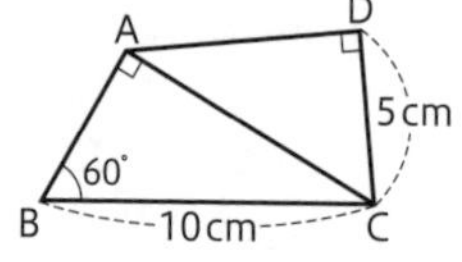

③ 三平方の定理と平面図形★★

❶正三角形の高さと面積

$h=\dfrac{\sqrt{3}}{2}a$, $S=\dfrac{\sqrt{3}}{4}a^2$

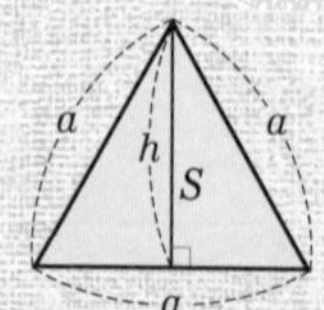

❷2点間の距離（きょり）

$\text{PQ}=\sqrt{(a-c)^2+(b-d)^2}$

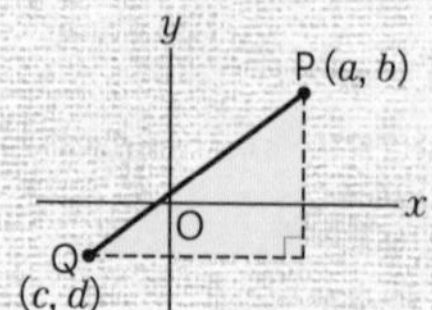

26. 三平方の定理（2）

1 三平方の定理と空間図形 ★★

❶直方体の対角線の長さ

$\ell=\sqrt{a^2+b^2+c^2}$

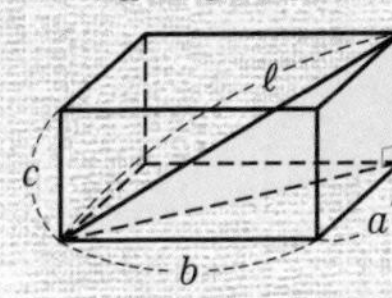

❷正四角錐（せいしかくすい）の高さ

$OH=\sqrt{OA^2-AH^2}$

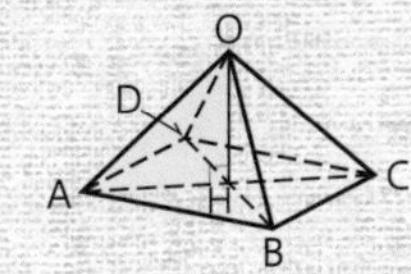

例 右の図のような正四角錐の体積を求めなさい。

→△ABCで，AB：AC＝1：$\sqrt{2}$

$AC=\sqrt{2}AB=6\sqrt{2}$ (cm)だから，

$AH=3\sqrt{2}$ cm

△OAHで，三平方の定理より，

$OH=\sqrt{9^2-(3\sqrt{2})^2}=\sqrt{63}=3\sqrt{7}$ (cm)

よって，体積は，$\frac{1}{3}\times6^2\times3\sqrt{7}=36\sqrt{7}$ (cm^3)

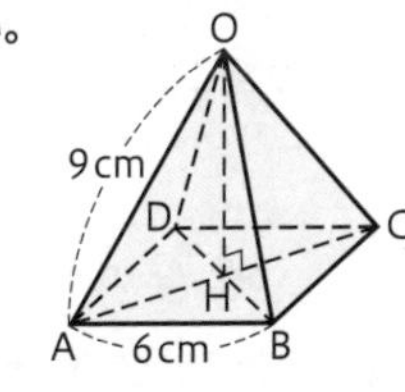

2 最短距離 ★★

問 右の図のような直方体がある。辺CD上に点Pを，AP＋PG の長さがもっとも短くなるようにとるとき，AP＋PG の長さを求めなさい。

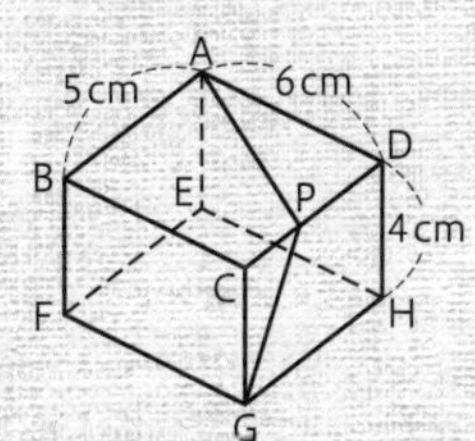

解 展開図において，3点A, P, Gが一直線上に並ぶとき，AP＋PG の長さはもっとも短くなる。

△ABGは直角三角形だから，

$AP+PG=AG=\sqrt{5^2+(6+4)^2}=\sqrt{125}=5\sqrt{5}$ (cm)

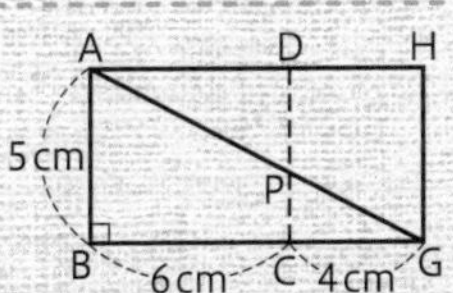

月　日

27. 確　率

① 確率とその性質 ★★★

起こりうる場合の数が全部でn通りあり，そのどれが起こることも同様に確からしいとする。そのうち，ことがらAの起こる場合の数がa通りあるとき，Aの起こる確率をpとすると，

ことがらの起こる可能性が同じ程度に期待できることを同様に確からしいという。

❶Aの起こる確率 → $p=\dfrac{a}{n}$ ← ことがらAの起こる場合の数 ／ ← 起こりうるすべての場合の数

❷Aの起こらない確率 → $1-p$

② 確率の求め方 ★★

問 3枚の硬貨(こうか)A，B，Cを同時に投げるとき次の確率を求めなさい。

①表が2枚，裏が1枚出る確率

②少なくとも1枚は表が出る確率

解 ①右の樹形図より，起こりうるすべての場合の数は8通り，表が2枚，裏が1枚出る場合の数は3通りある。

よって，求める確率は，$\dfrac{3}{8}$

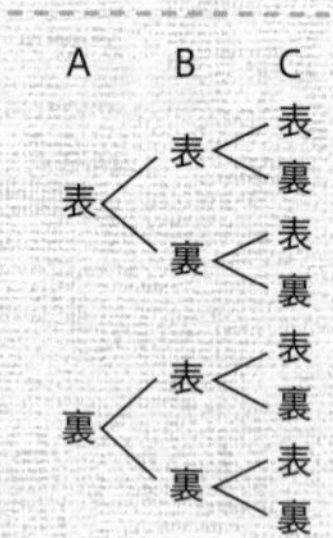

②3枚とも裏が出る確率が$\dfrac{1}{8}$だから，少なくとも1枚は表が出る確率は，

$1-\dfrac{1}{8}=\dfrac{7}{8}$

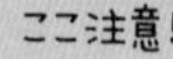

ここ注意！

場合の数は，もれや重複がないように求める。

28. データの活用

1 データの整理 ★★

❶階級値…階級の真ん中の値

❷相対度数…$\dfrac{\text{その階級の度数}}{\text{総度数}}$

❸累積度数…最も小さい階級から，ある階級までの度数の合計

❹累積相対度数…最も小さい階級から，ある階級までの相対度数の合計

通学時間の度数分布表

階級（分）	度数（人）
以上　未満 0 ～10	6
10 ～ 20	9
20 ～ 30	11
30 ～ 40	4
計	30

❺平均値…$\dfrac{\text{資料の値の合計}}{\text{資料の総数}}$　❻最頻値…最も多く現れる値

❼中央値…大きさの順に並べたとき，中央にくる値

2 四分位数と箱ひげ図 ★★

❶四分位数…データを小さい順に並べたとき，前半部分の中央値を第1四分位数，データ全体の中央値を第2四分位数，後半部分の中央値を第3四分位数という。

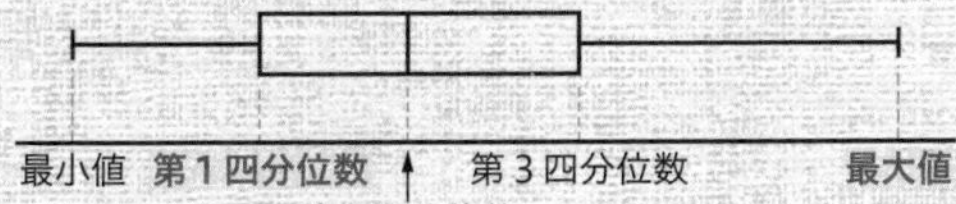

❷四分位範囲…第3四分位数－第1四分位数

3 標本調査 ★★

集団の中から一部を取り出して調べ，その結果から集団全体の性質を推定する方法を標本調査という。

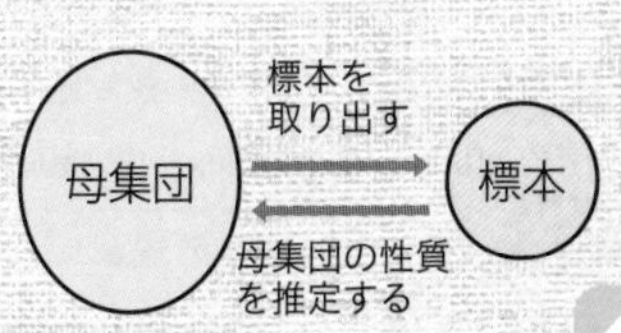

月　日

1. 動　詞

① be 動詞の過去形・過去分詞 ★★★

Many people were at the festival.
（お祭りにはたくさんの人がいました。）

現在形 ⇨ She is busy *now*.
過去形 ⇨ She was busy *yesterday*.
疑問文 ⇨ Was she busy yesterday?
答え方 ⇨ Yes, she was. /
No, she wasn't. =was not
否定文 ⇨ She wasn't busy yesterday.

原形	be	
現在形	is, am	are
過去形	was	were
過去分詞	been	

現在完了（進行）形で使うよ

過去問 1. 日本文に合うように，＿＿部に適する語句を補って英文を完成しなさい。〔島根〕

家族のみんなは私に親切でした。
All the members of the family ＿＿＿＿＿＿＿＿.

② 規則動詞の過去形・過去分詞 ★★★

I played cards with my friends yesterday.
（私は昨日，友人たちとトランプをしました。）

現在形 ⇨ I study English.
過去形 ⇨ I studied English.
疑問文 ⇨ Did you study English?
動詞の原形
答え方 ⇨ Yes, I did. / No, I didn't.
=did not
否定文 ⇨ I didn't study English.
動詞の原形

語尾	過去形・過去分詞
原則	そのまま ed wash → washed
-e	+d　like → liked
子音字＋y	y を i に変える＋ ed study → studied
短母音＋子音字	子音字を重ねる＋ ed stop → stopped

過去問 2. （　）内から最も適するものを選びなさい。〔栃木〕

I（ア study　イ studies　ウ studied　エ will study）math last weekend.

解答
① were kind to me
② ウ

入試では　studied と studying など -y の扱いや，stopped，swimming などでスペルミスをしないこと。不規則動詞の過去・過去分詞は型ごとに覚えておこう。

③ 不規則動詞の過去形・過去分詞 ★★★

He came back ten minutes ago.
（彼は10分前に帰って来ました。）

現在形 ⇨ I have coffee *every morning.*
過去形 ⇨ I had coffee *today.*
「飲んだ」
疑問文 ⇨ Did you have coffee today?
動詞の原形
答え方 ⇨ Yes, I did. / No, I didn't.
否定文 ⇨ I didn't have coffee today.
動詞の原形

型	原形	過去形	過去分詞
A-A-A	cut	cut	cut
A-B-A	come	came	come
A-B-B	make	made	made
	say	said	said
A-B-C	write	wrote	written
	see	saw	seen

名詞の修飾，受動態，現在完了で使うよ

過去問　3．（　）内の語を適切な形になおしなさい。〔宮城〕

Last month, my father (teach) me something interesting.

④ 進行形 ★★

I was studying English then.
（私はその時，英語を勉強していました。）

〈be 動詞＋動詞の～ing 形〉で，進行中の動作を表す。

現在形 ⇨ She is jogging *now.*
過去形 ⇨ She was jogging *then.*
「ジョギングしていた」
疑問文 ⇨ Was she jogging then?
答え方 ⇨ Yes, she was. /
No, she wasn't.
否定文 ⇨ She wasn't jogging then.

語尾	～ing 形
原則	そのまま ing study → studying
-e	e を削除する＋ ing make → making
短母音 ＋子音字	子音字を重ねる＋ ing swim → swimming

過去問　4．（　）内の語を適切な形になおしなさい。〔青森－改〕

What (be) you (do) when Masao went to your house?

解答
③ taught
④ were, doing

月　日

2. 未来表現・助動詞

① 未来表現★★★

I am going to go out tomorrow. I will stay home today.
（私は明日出かける予定です。今日は家にいることにします。）

〈be 動詞＋ going to ＋動詞の原形〉は「～するつもり〔予定〕だ」，**〈will ＋動詞の原形〉**は「～(することに)しよう」(思いついた予定)や「～(する)でしょう」(予測)。

肯定文	疑問文	否定文
He is going to visit us.	Is he going to visit us?	He isn't going to visit us.
It will snow tonight.	Will it snow tonight?	It won't snow tonight.

will notの短縮形

過去問　1. 次のような場合，英語でどのように言いますか。＿＿に入る5語以上の英語を答えなさい。〔山口〕

たくさんの場所で写真を撮る予定だと言うとき。
I'm going to ＿＿＿＿＿＿＿＿＿＿＿＿＿＿.

② Can〔Will〕you ～?とShall I〔we〕～?★★★

Will you show me the picture? ― Sure.
（私にその写真を見せてくれますか。）　（いいですよ。）

Can〔Will〕you ～?　「～してもらえますか〔してくれますか〕」(依頼)

Can you close the door?（ドアを閉めてもらえますか。）― All right.

Shall I〔we〕～?　「～し(てあげ)ましょうか」(申し出・提案)

Shall I carry your bag?（(私が)かばんを持ちましょうか。）― Yes, please.

Shall we ～?　「～しませんか」(勧誘)

Shall we sing?（(一緒に)歌いませんか。）― Yes, let's.

過去問　2. 日本文を英文になおしなさい。〔奈良〕

私たちは，明日，何時に会いましょうか。

＿＿＿＿＿＿＿＿＿＿＿＿＿＿＿＿＿＿＿＿

① take pictures in many places
② What time shall we meet tomorrow?

must not（禁止）と don't have to（不必要）の使い分けはよく出題されるので，例文で１つずつ確認しておこう。

③ can, must, have to ★★★

I couldn't finish it. I must finish it tomorrow.
（私はそれを終えられなかった。明日は終わらせないといけない。）

	同意語句	過去	未来
can	be able to	could, was〔were〕 able to	will be able to
must	have to	had to	will have to

must not (= mustn't)「～してはいけない」（禁止）
don't have to ～「～する必要はない」（不必要）
You don't have to worry.（心配する必要はありません。）

3. 日本文を英文になおしなさい。〔鳥取一改〕
私たちは次の列車を待つ必要はありません。

④ その他の助動詞，助動詞の働きをする表現 ★★

You should stay here tonight.
（今夜はここに泊まったほうがいいですよ。）

may ～	～してもよい，～かもしれない
should ～	～したほうがよい，～すべきだ
would like to ～	～したい(のですが)
had better ～	～すべきだ

4. 対話が成り立つように(　)に適する文を選びなさい。〔沖縄〕
A : What would you like to drink, Mariko?
B : (　　　　)
ア Yes, I do.　イ Yes, please.
ウ Oh, really?　エ Orange juice, please.

③ We don't have to wait for the next train.
④ エ

月　日

3. 命令文・否定表現

① 命令文 ★★★

Don't run around here.　Be quiet.
（ここで走り回ってはいけません。静かにしなさい。）

一般動詞 ⇨ 命令文　Close the door.（ドアを閉めなさい。）
否定の命令文　Don't open it.（それを開けてはいけません。）

be動詞 ⇨ 命令文　Be careful.（気をつけなさい。）
否定の命令文　Don't be late.（遅れないでください。）

命令文の書きかえ ⇨ ① Study hard. ≒ You must study hard.
② Don't move.（動くな。）≒ You mustn't move.

過去問　1.（　）内の語を正しく並べかえなさい。　〔山形〕

(at, book, look, don't, your) now.

＿＿＿＿＿＿＿＿＿＿＿＿＿＿＿＿＿＿＿＿ now.

② Let's ～.の文 ★★★

Let's go shopping together. — Yes, let's.
（一緒に買い物に行きましょう。）　（ええ，そうしましょう。）

Let's ～.（～しましょう）≒ Shall we ～?（～しませんか）
≒ How about ～ing?（～してはどうですか）

・Let's go to the movies.（映画に行きましょう。）
≒ Shall we go to the movies?
≒ How about going to the movies?

Let'sは「一緒にやろう」の意味だから，Shall we ～? でも表せるよ。

答え方　Yes, let's. / No, let's not.（いや，やめておきましょう）など。

過去問　2. 日本文を英文になおしなさい。　〔群馬〕

外に行ってお父さんを手伝いましょう。

＿＿＿＿＿＿＿＿＿＿＿＿＿＿＿＿＿＿＿＿

① Don't look at your book
② Let's go out and help our〔your, my〕father.

入試では　not ～ any ...（＝no ～）は，（×）any ... not ～の語順で表せないこと，a few〔little〕は「少しある」の肯定的な意味になることに注意。

③ 〈命令文, and〔or〕～〉の文 ★★★

Do it now, or you will never do it.
（今すぐそれをしなさい，さもないとそれをすることはないでしょう。）

命令文，and ...　「～しなさい，そうすれば…」

Sleep well, and you will feel better.
（よく眠りなさい，そうすれば気分がよくなりますよ。）

命令文，or ...　「～しなさい，さもないと…」

Study hard, or you won't pass the exam.
（しっかり勉強しなさい，さもないと試験に受かりませんよ。）

過去問　3.（　）内から適する語を選びなさい。　〔佼成学園高〕

Get up earlier, (and, or, so) you'll be late for school again.

④ 否定表現 ★★

I have no plans for tomorrow.
（私は明日は予定がありません。）

no ＋名詞	少しの…もない	I have no time.（時間がまったくない。）
not ～ any ...	少しの…も～ない	≒ I don't have any time.
nobody	だれも～ない	Nobody knows that.（だれもそれを知らない。）
nothing	何も～ない	Nothing is left.（何も残っていない。）
never	決して～ない	He never sings.（彼は決して歌わない。）
few	ほとんど～ない（数）	Few people came.（ほとんど人が来なかった。）
little	ほとんど～ない（量）	There was little food.（食べ物がほとんどなかった。）

a few「（数が）少しの～」，a little「（量が）少しの～」

過去問　4. ほぼ同じ内容を表すように，（　）に適する語を入れなさい。　〔佐賀〕

We could not see anything in the sky.
We could see (　　　) in the sky.

解答
③ or
④ nothing

月　日

4. 間接疑問・付加疑問・疑問詞

① 間接疑問(1)：疑問詞のあとがbe動詞 ★★★

Do you know who that boy is?
(あの少年がだれだか知っていますか。)

疑問詞で始まる疑問文がI knowなどのあとに続いた形を**間接疑問**という。

普通の疑問文 ⇨ What is this?

語順に注意

間接疑問 ⇨ I don't know **what this is.** (私はこれが何であるかわからない。)
〈疑問詞＋主語＋be動詞〉

過去問 1. (　)内の語を正しく並べかえなさい。〔新潟〕

図書館はどこにあるか，だれが知っていますか。
Who (can, is, library, tell, the, where)?
Who ＿＿＿＿＿＿＿＿＿＿＿＿＿＿＿＿＿＿＿＿?

② 間接疑問(2)：疑問詞のあとが一般動詞 ★★★

I don't know what she likes.
(私は彼女が何を好きなのか知りません。)

普通の疑問文(現在形) Where does he live?
間接疑問 I know where he **lives**.(どこに住んでいるか)
普通の疑問文(過去形) What did she buy?
間接疑問 I don't know what she **bought**.(何を買ったか)
疑問詞が主語の疑問文 Who broke the window?
間接疑問 Tell me **who broke** the window.(だれが割ったか)

過去問 2. ほぼ同じ内容を表すように，(　)に適する語を入れなさい。

Where did he go yesterday? Do you know that? 〔関西学院高〕
Do you know (　　) (　　) (　　) yesterday?

解答
① can tell where the library is
② where, he, went

入試では　間接疑問の出題では，語順だけでなく動詞の形（3人称単数のsがついた形や過去形）もよく問われる。

③ 付加疑問 ★★★

You used this pen, didn't you?
（あなたはこのペンを使いましたね。）

付加疑問は「～ですね」と相手に同意を求めたり，確認したりする形。

	〈肯定文，否定の短縮形＋主語?〉	〈否定文，肯定形＋主語?〉
be 動詞の文	She is kind, isn't she?	They aren't busy, are they?
一般動詞の文	He runs fast, doesn't he?	You didn't stop it, did you?
助動詞の文	You can ski, can't you?	She can't come, can she?

命令文の付加疑問は will you ?「～してくれませんか」，Let's ～. の付加疑問は shall we ?「～しましょうか」。

過去問　3.（　）内から最も適するものを選びなさい。　〔駒込高〕

This house was built by Joseph,（ア wasn't it　イ didn't it　ウ it was　エ it wasn't）?

④ 疑問詞 ★★

Who made lunch? — My grandfather did.
（だれが昼食をつくりましたか。）（祖父です。）

what	何が〔を〕	who	だれが〔を〕	whose	だれの（もの）
when	いつ	where	どこで〔に〕	which	どちらを〔の〕
why	なぜ	〈Because ＋ S ＋ V.〉や〈To ＋動詞の原形 .〉で答える			
how	how many（いくつ）	how much（いくら［金額］）		how often（何回）	

過去問　4.（　）内から最も適するものを選びなさい。　〔神奈川〕

Look at the bike under the tree.（ア Who　イ Whose　ウ How　エ Where）bike is that?

③ア
④イ

月　日

5. 名詞・代名詞・冠詞

① 名詞の複数形 ★★

Those children caught many fish.
（あの子どもたちはたくさんの魚を捕まえました。）

	語尾	変化	例
規則変化	-s, -sh, -ch, -x	＋ es	class → classes, box → boxes
	子音字＋ y	y を i に変える＋es	city → cities, country → countries
	-f, -fe	f, fe を ves に変える	knife → knives, life → lives
不規則変化	man → men, child → children, foot → feet, tooth → teeth		
単複同形	**fish**, **sheep**(ヒツジ), **deer**(シカ), **Japanese**(日本人)		

過去問 1. (　)に指定の文字で始まる語を入れなさい。　〔熊本〕

A : I know you have two (c　　　). Do they like sports?
B : Yes, they do. My son likes baseball and my daughter likes tennis.

② 代名詞 (1) : one, another, other ★★★

I left my pen at home. Can I borrow one?
（私はペンを家に忘れてきてしまいました。1本借りてもいいですか。）

one	前に出た名詞と同じ種類のものを指す。
another	「別の〔もう１つの〕もの」 Show me another. (別のを見せて。)
other の重要連語	each other 「お互い」(このまとまりで代名詞扱い) some ～ others ... 「～もあれば〔いれば〕…もある〔いる〕」 one ～ the other ... 「(2 つのうち)1 つは～，もう 1 つは…」 one ～ the others ... 「(3 つ以上のうち)1 つは～，残りは…」

過去問 2. (　)内から最も適する語(句)を選びなさい。

I have two brothers. One is a doctor and (ア one　イ other　ウ the other　エ others) is a teacher.

① children
② ウ

each other は，副詞句ではなく代名詞。we know each other. や we talked to each other. など，前置詞の有無に注意。

③ 代名詞(2)：所有代名詞・it ★★★

Is this book Ken's or yours? — It's mine.
（この本はケンのものですか，それともあなたのものですか。）（私のものです。）

所有代名詞「～のもの」	my pen → mine, your pen → yours, his pen → his, her pen → hers, our pen → ours, their pen → theirs, my father's pen → my father's, Emi's pen → Emi's	
it の特別用法	①天候・気候 It's cloudy.	②明暗 It's getting dark.
	③距離 How far is it from A to B?（A から B までの距離は？）	
	④時間 What time is it in London? — It's eleven.	

過 去 問 3.（　）内から最も適する語を選びなさい。〔秋田〕

Whose bag is this, Mary?
— Oh, it's（ア she　イ her　ウ I　エ mine）.

④ 冠詞の特別な使い方 ★★

He goes to the hospital by taxi once a week.
（彼は週に1回タクシーで病院に行きます。）

a〔an〕	①「～につき」 three times a day（1日につき3回） ②「～というもの」 A dog is like a family member.（総称的に）
the	①1つしかないもの the earth　②楽器の前 play the guitar ③序数・最上級・only・same の前　④～年代 in the 2020s
冠詞なし	①交通手段 by car　②本来の目的を表す建物 go to school

過 去 問 4. 次のような場合，英語でどのように言いますか。〔静岡〕

自分たちには音楽の授業が週1回あることを伝えたいとき。

____

③ エ
④ We have a music class〔lesson〕in〔once〕a week.

月　日

6. 不定詞

① 不定詞の3つの用法 ★★★

I often go to the library to study. I want to be a lawyer.
（私はよく図書館へ勉強しに行きます。私は弁護士になりたいです。）

名詞的用法 ⇨ 目的語になる　I like to swim.
「〜すること」　主語になる To play soccer is fun.

名詞と同じ働きをし，主語・目的語・補語になる。

形容詞的用法 ⇨ I have many things to do.（することがたくさんある。）
「〜する(ための)」　〈名詞〉

副詞的用法 ⇨ 目的「〜するために」 I went to Okinawa to swim.
原因「〜して」 I'm glad to meet you.

過去問　1. 日本文に合うように，（　）内の語を並べかえなさい。

何か食べるものをあげましょう。
I'll (eat, give, something, to, you).
I'll ______________________________.

② 〈疑問詞＋不定詞〉の文 ★★★

I don't know what to do.
（私はどうしたらよいかわかりません。）

I know how to use this.
S　V　O（使いかた）

Ken knows where to buy it.
S　V　O
（どこで買ったらよいか）

〈疑問詞＋不定詞〉で動詞の目的語
how to 〜「〜のしかた」
when to 〜「いつ〜したらよいか」
where to 〜「どこで(へ)〜したらよいか」
what to 〜「何を〜したらよいか」

過去問　2.（　）内に適する語を入れなさい。　〔茨城〕

When we don't know the way to the station, we often say, "Will you tell me (　　　) (　　　) get to the station?"

解答
① give you something to eat
② how, to

入試では　不定詞の動作をする「意味上の主語」の表し方と，示す位置を確認しておこう。

③ 〈want〔tell, ask〕+目的語+不定詞〉の文 ★★★

My mother told me to clean my room.
（母は私に部屋を掃除するように言いました。）

want+人+to ～　「(人)に～してもらいたい」

I want you to help her.　目的語 you は to help her の意味上の主語

tell+人+to ～　「(人)に～するように言う」

I told him to get up.　目的語 him は to get up の意味上の主語

ask+人+to ～　「(人)に～するように頼む」

He asked me to sing.　目的語 me は to sing の意味上の主語

過去問　3. (　)内の語を正しく並べかえなさい。　〔富山〕

A : Where do (me, you, put, want, to) your bag?
B : Please put it here. Thank you for carrying it.

Where do ________________________ your bag?

④ その他の不定詞の重要構文 ★★★

Is it easy to read the book?（その本を読むのは簡単ですか。）
— No. The story is too difficult to understand.
（いいえ。話が難しすぎて理解できません。）

It is ... (for A) to ～.　「(Aが)～することは…」

It is important for me to learn English.　（英語を学ぶことは私には大切だ。）
形式主語　意味上の主語　真主語

too ... (for A) to ～　「あまりにも…すぎて(Aは)～できない」

The dish was too much for her to finish.（料理は彼女には多すぎて食べきれなかった。）
≒ The dish was so much that she couldn't finish it.

過去問　4. (　)内から最も適する語を選びなさい。　〔福島一改〕

It is important (in, to, on, for) you to help your parents.

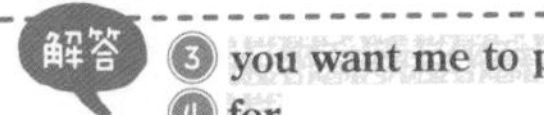

解答　③ you want me to put
④ for

part 1 社会
part 2 理科
part 3 数学
part 4 英語
part 5 国語

月　日

7. 動名詞

① 動名詞 (1) ★★★

I like reading books.
（私は本を読むのが好きです。）

動名詞
動詞の〜ing 形
動詞と名詞の働き ⇨
- 主語になる　Reading books is interesting.（主語＝単数扱い）
- 目的語になる　I like taking pictures.（S V O）
- 補語になる　My hobby is playing the guitar.（S V C）

過去問　1. ほぼ同じ内容を表すように，（　）に適する語を入れなさい。

It's good for your health to get up early.　〔高知学芸高〕
(　　　) (　　　) early is good for your health.

② 動名詞 (2) ★★★

Thank you for visiting me.
（私を訪ねてくれてありがとう。）

動名詞は前置詞の目的語になる

⇨ without 〜ing（〜しないで），after 〜ing（〜したあとに）
before 〜ing（〜する前に），by 〜ing（することで）

Put it on the table after using it.（使ったあとは）

重要連語	be good at 〜ing（〜が得意だ）　How about 〜ing?（〜してはどうか） Thank you for 〜ing.（〜してくれてありがとう） look forward to 〜ing（〜するのを楽しみに待つ）

過去問　2. ほぼ同じ内容を表すように，（　）に適する語を入れなさい。

He didn't say anything and went out.　〔実践学園高〕
He went out (　　　) saying anything.

解答
① Getting, up
② without

入試では　主語になる動名詞は単数扱いとなる。enjoy〔finish, stop など〕のあとが動名詞であることの判別はよく問われる。

③ 動名詞と不定詞(1) ★★

We like playing〔to play〕basketball.

（私たちはバスケットボールをするのが好きです。）

目的語に動名詞だけをとる動詞	enjoy, finish, stop など I finished studying before dinner.
目的語に不定詞だけをとる動詞	want, hope, wish など I hope to see you again.
目的語に動名詞も不定詞もとる動詞	like, begin, start など I like swimming. / I like to swim.

過去問　3.（　）内の語を正しく並べかえなさい。　〔兵庫一改〕

I (enjoy, his, watching, movies) and I also (Japanese, studying, enjoy).

I ________________ and I also ________________.

④ 動名詞と不定詞(2) ★★

I tried eating the food, but stopped eating it.

（私はためしにその食べ物を食べてみたが，食べるのをやめてしまった。）

動詞のあとが**動名詞**か**不定詞**かで意味が異なる場合がある。

try+動名詞（ためしに～してみる）

I tried getting up early.

V　O（ためしに早起きしてみた）

try+不定詞（～しようと(努力)する）

I tried to get up early.

V　O（早起きしようと(努力)した）

stop+動名詞（～するのをやめる）

We stopped looking at the speech.

V（やめる）　O（演説を見ること）

stop+不定詞（～するために立ち止まる）

We stopped to look at the speech.

V（立ち止まる）　不定詞の副詞的用法

過去問　4.（　）内の語を正しく並べかえなさい。　〔岐阜一改〕

Don't (before, getting, running, stop) to the finish line.

③ enjoy watching his movies, enjoy studying Japanese

④ stop running before getting

月　日

8. 分　詞

① 形容詞として働く現在分詞 ★★★

Do you know those boys playing tennis?
（テニスをしているあの少年たちを知っていますか。）

現在分詞＋名詞 ⇨ Look at that **sleeping** cat.（あの眠っているネコ）
現在分詞

名詞＋現在分詞＋語句 ⇨
- Look at that cat **sleeping on the sofa**.
  現在分詞＋語句
  「ソファーの上で眠っているネコ」
- The girl **playing the piano** is Mary.
  S　現在分詞＋語句　V
  「ピアノを弾いている少女」

過去問 1.（　）内の語句を正しく並べかえなさい。〔島根〕

(standing, is, over there, the boy) my brother.

______________________________ my brother.

② 形容詞として働く過去分詞 ★★★

Can you show me the dress made by your mother?
（あなたのお母さんによって作られたドレスを見せてもらえますか。）

過去分詞＋名詞 ⇨ This **broken** watch is not mine.（壊れた時計）
過去分詞

名詞＋過去分詞＋語句 ⇨
- This is the door **broken by someone**.
  過去分詞＋語句
  「だれかに壊されたドア」
- The pictures **taken by Kumi** are beautiful.
  S　過去分詞＋語句　V
  「クミによって撮られた写真」

過去問 2.（　）内の語を正しく並べかえなさい。〔富山〕

I like (in, to, short, stories, written, read) English.

I like ______________________________ English.

解答
① The boy standing over there is
② to read short stories written in

入試では　現在分詞は「〜している」，過去分詞は「〜された」。
〈現在分詞〔過去分詞〕+語句〉は名詞をうしろから修飾する。

③ 形容詞として働く過去分詞と受動態〔受け身〕★★

The novels written by J.K. Rowling are interesting.
（J.K.ローリングによって書かれた小説はおもしろいです。）

名詞+過去分詞+語句 ⇨ **The bag** made in France is nice.
↑— 修飾 —┘　↑ここまでが主部
（フランス製のそのバッグはすてきだ。）

受動態 ⇨ The bag is made in France.
S　〈be動詞+過去分詞〉
（そのバッグはフランスで作られている〔フランス製だ〕。）

過去問 3.（　）内の語を正しく並べかえなさい。

My father gave me a lot (written, Japanese, of, books, in).
My father gave me a lot ________________________.

④ 現在分詞と過去分詞の使い分け★★

What is the language spoken in Brazil?
（ブラジルで話されている言語は何ですか。）

ここ重要

現在分詞 ⇨	「〜している…」（←進行形）
	a crying baby「泣いている赤ちゃん」
過去分詞 ⇨	「〜された…」（←受動態・完了形）
	a broken window「壊された〔壊れた〕窓」

過去問 4.（　）内の語を正しく並べかえなさい。　〔岐阜一改〕

In the picture, he (can, faces, see, smiling, two) under one umbrella.
In the picture, he ________________________ under one umbrella.

解答
③ of books written in Japanese
④ can see two smiling faces

part 1 社会 / part 2 理科 / part 3 数学 / part 4 英語 / part 5 国語

月　日

9. 比較

① as ~ as ... の文 ★★

My brother is very tall, but he isn't as tall as you.
（兄はとても背が高いですが，あなたほど高くはありません。）

as+原級+as ...　「…と同じくらい～」

Akiko plays tennis **as well as** Kumi.（クミと同じくらい上手に）
〈原級〉（副詞）

not as[so]+原級+as ...　「…ほど～ではない」

Baseball **isn't as popular as** soccer in the country.
〈原級〉（形容詞）

（その国では，野球はサッカーほど人気がない。）

過去問　1.（　）内の語を正しく並べかえなさい。　〔青森〕

Hideki does (as, run, as, not, fast) Ichiro.
Hideki does ＿＿＿＿＿＿＿＿＿＿＿＿＿＿ Ichiro.

② 比較級の文 ★★★

I got up earlier than my mother.
（私は母よりも早く起きました。）

比較級+than ...　「…よりも～」

Mika swims much **faster than** Ken.
（ミカはケンよりずっと速く泳ぐ。）

muchは比較級を強める語だよ。

like ~ better than ...　「…よりも～のほうが好き」

I like summer **better than** winter.（私は冬よりも夏のほうが好きだ。）

過去問　2.（　）内の語を正しく並べかえなさい。　〔島根〕

(better, like, which, you, do), English or math?
＿＿＿＿＿＿＿＿＿＿＿＿＿＿, English or math?

① not run as fast as
② Which do you like better

入試では 比較級と最上級や，<not as ～ as>を使った文との書きかえ問題はよく出題される。

③ 最上級の文 ★★★

Mike runs the fastest of the five.
（マイクはその5人の中で最も速く走ります。）

(the+)最上級+of〔in〕… 「…の中で最も～」

The Nile is the longest river in the world.（ナイル川は世界一長い川だ。）

like ～ (the) best of〔in〕… 「…の中で最も～が好き」

I like rugby the best of all the sports.

副詞の最上級では省略されることもある（全スポーツの中でラグビーが最も好きだ。）

過去問 3. 日本文に合うように，（　）内の語を並べかえなさい。

あなたはどの季節がいちばん好きですか。〔実践学園高〕

(the, season, like, you, best, which, do)?

____?

④ 比較級・最上級の文の書きかえ ★★★

Ken is taller than any other boy in his class.
（ケンは彼のクラスのどの男子よりも背が高い。）

- Your camera is newer than mine.（きみのカメラは私のより新しい。）
  - ≒ My camera is older than yours.（私のカメラはきみのより古い。）
  - ≒ My camera isn't as new as yours.（私のカメラはきみのほど新しくはない。）
- Mt. Fuji is the highest mountain in Japan.
  - ≒ Mt. Fuji is higher than any other mountain in Japan.
  - ≒ No other mountain in Japan is higher than Mt. Fuji.

過去問 4. ほぼ同じ内容を表すように，（　）に適する語を入れなさい。

My father can play golf better than Mr. Brown.〔関西学院高－改〕
Mr. Brown can't play golf (　　　) (　　　) (　　　) my father.

解答
③ Which season do you like the best
④ as〔so〕, well, as

月　日

10. 受動態（受け身）

① 受動態の文 ★★

Basketball is played around the world.
（バスケットボールは世界中で行われています。）

受動態は〈be 動詞＋過去分詞〉の形で，「～され(てい)る」の意味を表す。

主語	be動詞＋過去分詞	修飾語句
The house 動作を受ける側	**was designed** 受ける動作（設計された）	by a famous artist. 動作をする側by ～（有名な芸術家によって）
These watches	**are not made** （作られていない）	in Japan. 場所（日本で）

動作者の by ～(～によって)は，示さない場合も多い。

過去問 1. （　）内から最も適する語を選びなさい。〔島根〕

English is (ア speak　イ spoke　ウ spoken　エ speaking) in New Zealand.

② 助動詞を含む受動態の文 ★★★

A new museum will be built here.
（新しい博物館がここに建築される予定です。）

主語	助動詞＋be＋過去分詞	修飾語句
Whales	**can be seen** （見られる）	there. 場所（そこで）
The concert	**may be held** （開かれるかもしれない）	next month. 時（来月）
The work	**will not be finished** （終えられないだろう）	by tomorrow. 期限（明日までに）

助動詞のあとの動詞は原形。be動詞ならbeを使うよ。

動作者のby ～(～によって)と区別。

過去問 2. ほぼ同じ内容を表すように，（　）に適する語を入れなさい。

Everyone will enjoy the book.
The book will (　　) (　　) by everyone.

解答

① ウ
② be, enjoyed

入試では　〈S＋be 動詞＋過去分詞＋名詞〉の形が，SVOO と SVOC のどちらの受動態なのかは，動詞を確認して判断しよう。

③ SVOO, SVOCの文と受動態の文 ★★★

Their baby was named Kenta.
（彼らの赤ちゃんはケンタと名づけられました。）

SVOOの文 ⇨ 2つの目的語それぞれを主語にした受動態の文が可能。

He gave me a present. ⇨ { I was given a present by him. / A present was given (to) me by him.
S　V　O　O

SVOCの文 ⇨ 目的語を主語にした受動態のみ。（C は過去分詞のあとに置く）

We call her Meg. ⇨ She is called Meg (by us).
S　V　O　C
（彼女はメグと呼ばれている。）

過去問　3．日本文に合うように，（　）内の語を並べかえなさい。

私たちは去年，彼から音楽を教わりました。〔実践学園高一改〕

We (by, him, were, music, taught) last year.

We ＿＿＿＿＿＿＿＿＿＿＿＿＿＿ last year.

④ 前置詞に注意が必要な受動態の表現 ★★★

I was surprised at the news.
（私はその知らせに驚きました。）

be surprised at〔by〕～	～に驚く
be interested in ～	～に興味を持っている
be pleased with〔about, by〕～	～に喜んでいる
be known to ～	～に知られている
be covered with〔in, by〕～	～でおおわれている
be made from〔of〕～	～でできている

surprised, interested など，形容詞として扱われている語も多い。

過去問　4．（　）内の語を正しい形にしなさい。〔郁文館高〕

She is (interest) in watching movies.

解答　③ were taught music by him
④ interested

月　日

11. 現在完了

① 現在完了(1)：継続 ★★★

We have been good friends *since* we were children.
(私たちは子どものころから仲良しです。)

現在完了は〈**have〔has〕＋過去分詞**〉の形。過去のある時点から現在までの状態の**継続**を表す。

I **have lived** in Chiba for ten years. (10年間千葉に住んでいる。)

He **has been** in China since yesterday. (彼は昨日から中国にいる。)

How long **have** you **studied** English?
(どのくらいの間英語を勉強していますか。)

— I **have studied** it for three years. (3年間勉強している。)

for「〜の間」
since「〜(して)以来」

過去問 1. (　)内から最も適する語を選びなさい。 〔神奈川〕

How (ア many　イ much　ウ long　エ old) have you lived in Yokohama?

② 現在完了(2)：経験 ★★★

Have you *ever* been to Australia?
(あなたは今までにオーストラリアに行ったことがありますか。)

現在完了は「**〜したことがある**」という意味の**経験**を表す。

I **have been to** Okinawa before. (以前に沖縄へ行ったことがある。)

Have you ever **heard** this song? (今までにこの歌を聞いたことがありますか。)

She **has** never **visited** Nagoya. (彼女は名古屋を一度も訪れたことがない。)

How many times〔How often〕**have** you **climbed** Mt. Fuji?
(富士山に何回登ったことがありますか。)

過去問 2. (　)内の語を正しい形にしなさい。 〔千葉一改〕

I have (hear) it before, but I don't know who sings it.

① ウ
② heard

入試では　過去を表すwhen～は現在完了(進行)形では使わない。
yesterday, last weekなどは，since～「～以来」の形なら使える。

③ 現在完了(3)：完了・結果 ★★★

Have you had lunch *yet*? — No, I haven't had it *yet*.
(もう昼食を食べましたか。)　(いいえ，まだ食べていません。)

現在完了は動作の**完了**や**結果**(～してしまった(，その結果…))を表す。

完了　I **have** already **finished** the work. (その仕事をもう終えた。)
He **has** just **been** to the hospital. (彼はちょうど病院に行ってきたところだ。)
Have you **cleaned** the room yet?
(もう部屋をそうじしましたか。)

yet {疑問文では「もう」 / 否定文では「まだ」}

結果　He **has** **lost** his key somewhere.
(彼はどこかでかぎをなくしてしまった。)(その結果，かぎを持っていない)

過去問　3. 日本文に合うように，(　　)に適する語を入れなさい。〔駒込高〕
彼はまだその手紙を受け取っていません。
He (　　　) received the letter (　　　).

④ 現在完了進行形の文 ★★

It has been snowing *since* last night.
(雪が昨晩から降り続いている。)

現在完了進行形は〈**have(has) been＋動詞の～ing形**〉の形で，「**(ずっと)～し続けている**」。過去のある時点から現在まで，**動作や行為が続いている**ことを表す。

現在完了形　I **have known** her for ten years. (知っている「状態」の継続)
現在完了進行形　He **has been working** for ten hours. (彼は10時間働き続けている。)
(働く「動作・行為」の継続)

How long **have** you **been** **playing** the piano? (どのくらいピアノを弾いていますか。)
— For eight years. / Since I was seven. (8年間です。/ 7歳からです。)

過去問　4. (　　)内の語を適切な形(2語)になおしなさい。
I'm really tired. I've (read) this book since this morning.

解答
③ **hasn't, yet**
④ **been reading**

月　日

12. 関係代名詞

① 関係代名詞(1)：主格 ★★★

I have a friend who plays tennis well.
（私にはテニスが上手な友人がいます。）

先行詞＝人	who / that	I have a friend who lives in London. 先行詞↑　↑先行詞の人称・数に一致
先行詞＝もの	which / that	The bus which goes to the airport will leave soon. 先行詞↑　V （空港行きのバスはもうすぐ出発します。）

過去問　1. ほぼ同じ内容を表すように，（　）に適する語を入れなさい。

The school standing on the hill is ours.　〔高知学芸高―改〕
The school which (　　　) on the hill is ours.

② 関係代名詞(2)：目的格 ★★★

This is the picture which〔that〕I wanted to show you.
（これがあなたに見せたかった写真です。）

先行詞＝もの	which	This is the book which I borrowed yesterday. 先行詞↑ （私が昨日借りた本）
先行詞＝人・もの	that	I like the T-shirt that you gave me. 先行詞↑ （あなたが私にくれたTシャツ）

目的格の関係代名詞は**省略されることが多い**。この場合**〈名詞＋主語＋動詞〉**の形になる。

The people I met there were very kind.（そこで会った人たちはとても親切だった。）
名詞＋（that＋）主語＋動詞＋修飾語

過去問　2.（　）内から最も適する語を選びなさい。　〔栃木〕

This is the cake (ア which　イ who　ウ when　エ where) my mother loves.

① stands
② ア

入試では　whichやthatは，あとに動詞が続くと主格。〈S＋v〉が続くと目的格だが，省略された〈名詞＋S＋v〉の形にも慣れておこう。

③ 関係代名詞(3)：that, whose ★★★

This is the *first* letter (that) I wrote in English.
（これは私が英語で書いた初めての手紙です。）

先行詞に**最上級**，**all**，**序数**，**the same**，**the only**，**every(thing)**，**any(thing)**などが含まれるとき，関係代名詞は**that**がよく用いられる。

That was **the best** game (**that**) **I've ever seen.**（私が見た中で最高の試合）

Is there **anything** (**that**) I can do?（私に何かできることはありますか。）

所有格の関係代名詞**whose**は，〈whose＋名詞〉の形で用いられる。

I have a friend **whose** brother is an actor.（私にはお兄さんが俳優の友人がいる。）

過去問　3.（　）内から最も適する語を選びなさい。　〔郁文館高〕

She saw a man（ア his　イ whose　ウ who　エ which）hobby is collecting stamps.

④ 関係代名詞の文の書きかえ ★★★

The girl looking〔who is looking〕at us is my sister.
（私たちを見ている女の子は私の妹です。）

関係代名詞の文	I know the boy **who is playing** soccer over there.
現在分詞の文	≒ I know the boy **playing** soccer over there.
関係代名詞の文	This is a house **which was built** 100 years ago.
過去分詞の文	≒ This is **a house built** 100 years ago.
関係代名詞の文	Do you know that girl **who has** long hair?
前置詞の語句で	≒ Do you know that girl **with** long hair?

過去問　4. ほぼ同じ内容を表すように，（　）に適する語を入れなさい。

The girl sitting on the bench is a friend of mine.　〔愛光高〕
The girl (　　　) (　　　) (　　　) on the bench is a friend of mine.

解答
③ イ
④ **who〔that〕, is, sitting**

月　日

13. 仮定法

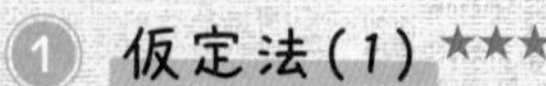

If I knew his phone number, I would call him now.
(もし私が彼の電話番号を知っていたら，彼に今電話するのに。)

現実とは異なる仮定や，可能性の低い仮定のことは，**仮定法**で表す。**〈If＋主語＋過去形 ～，主語＋助動詞の過去形（would, could など）＋動詞の原形 ....〉**の形で，**「もし～ならば，…なのに。」**の意味となる。

現実の文	If I **have** time tomorrow, 明日時間があれば(←可能性がある)	I **will help** you. あなたを手伝いましょう
仮定法の文	〈If＋主語＋動詞の過去形 ～,〉 **If** I **had** time now, もし今時間があれば(←時間がない)	〈主語＋助動詞の過去形＋動詞の原形 ....〉 I **could help** you. あなたを手伝えるのに(←手伝えない)

過去問　1. (　　)内の語(句)を適切な形になおしなさい。

I don't have a pet. If I (have) a dog, I (will play) with it every day.

② 仮定法(2):If I were you, ～ ★★★

If I were you, I would do the same thing.
(もし私があなたなら，同じことをするでしょう。)

仮定法では，**be 動詞**は主語にかかわらずふつう **were** を用いる。

〈If＋主語＋be動詞の過去形were ～,〉 **If** she **were** here now, もし彼女が今ここにいれば(←いない)	〈主語＋助動詞の過去形＋動詞の原形 ....〉 we **could ask** her. 彼女に尋ねることができるのに(←できない)

過去問　2. (　　)内から最も適する語をそれぞれ選びなさい。

If I (am / were) you, I (won't / wouldn't) go there.

解答
① **had, would play**
② **were, wouldn't**

仮定法では，助動詞や動詞が過去形でも，現在の事実とは異なる仮定や願望を表すことに注意しよう。

③ 仮定法(3)：I wish ～ ★★★

I wish I could talk to my cat.
（うちのネコと話せたらいいのに。）

現実とは異なることへの願望や，可能性の低い願望**「～ならばいいのに」**は〈**I wish**＋**仮定法**〉で表す。**仮定法**の箇所は**過去形**を，be 動詞ならふつう **were** を用いる。

I wish we **didn't have** a test today.（今日はテストがなければいいのに。）
過去形（←実際には今日テストがある）

I wish there **were** 48 hours in a day.（1 日に 48 時間あればいいのに。）
be動詞の過去形were（←現実とは異なること）

Can you come? ― **I wish I could, but** I can't.（できればそうしたいけど，できません）
come〔go〕の省略　断るときの前置き表現

過去問　3.（　）内の語を正しく並べかえなさい。

I have to leave now. (could, wish, here, I, stay, I) longer.
I have to leave now. ＿＿＿＿＿＿＿＿＿＿＿＿＿＿ longer.

④ 仮定法を用いた表現 ★★

He talks as if he were my father.
（彼はまるで私の父であるかのように話す。）

〈**it is time ＋仮定法**〉「もう～するとき〔ころ〕だ」
It's time we **went** home.（もう帰宅する時間だ。）

≒It's time *for us to go* home.

〈**as if ＋仮定法**〉「まるで～かのように」
He looks **as if** he **knew** nothing.（彼はまるで何も知らないかのような表情だ。）

過去問　4. ほぼ同じ内容を表すように，（　）に適する語を入れなさい。

It's time for you to get up.
It's time (　　) (　　) up.

解答
③ **I wish I could stay here**
④ **you, got**

月　日

14. SVOO, SVOCの文

① SVO+that ～の文 ★★★

My mother often tells me that I should eat more vegetables.
（母は私に，もっと野菜を食べたほうがいいとよく言います。）

〈tell〔show, teach など〕＋目的語（人）＋目的語（that～）〉の形。この接続詞 that は省略されることが多い。

S	V	O（（人）に）	O（that節「～ということを」）
	Tell 伝えて	him 彼に	(that) we miss him so much. 私たちは彼がいなくてとても寂しいことを
The results 結果は	show 示している	us 私たちに	(that) she is the best. 彼女が最も優秀であるということを

 1.（　）内の語を正しく並べかえなさい。

I'll (not, you, wrong, show, I'm, that).
I'll ______________________________.

② SVO+what ～などの文 ★★★

Tell us what happened.
（何が起こったのか私たちに話してください。）

〈tell〔show, teach, ask など〕＋目的語（人）＋目的語（what〔where, why など〕～）〉の形。2つめの目的語は間接疑問の形であることに注意。

S	V	O（（人）に）	O（疑問詞で始まる節「～かを」）
She 彼女は	didn't tell 教えてくれなかった	us 私たちに	what she was going to do. 何をするつもりなのかを
This book この本は	shows 示してくれる	you 人々に	how a website works. どのようにウェブサイトが機能するのかを

過去問 2.（　）内の語を正しく並べかえなさい。

We asked (late, him, he, why, was).
We asked ______________________________.

解答
① show you that I'm not wrong
② him why he was late

入試では　〈動詞＋目的語〉のあとにくるのが名詞，形容詞，不定詞，動詞の原形，節かを，動詞ごとに確認しておこう。

③ SVOCの文 ★★★

Her songs always make me happy.
（彼女の歌はいつも私を幸せにしてくれます。）

S	V	O	C(名詞・形容詞)
We 私たちは	call 呼んでいる	him 彼を	Mike. マイクと
The news その知らせは	made させた	me 私を	sad. 悲しく
She 彼女は	keeps 保っている	her room 自分の部屋を	clean. きれいに

him=Mikeの関係
me=sadの関係
her room=cleanの関係

過去問　3.（　）内から最も適する語を選びなさい。〔秋田〕

A hamburger in this picture looks real. It (ア makes　イ calls　ウ takes　エ gives) me hungry.

④ SVO＋動詞の原形の文 ★★★

Let me help you carry those books.
（それらの本を運ぶのを手伝わせてください。）

〈let ＋目的語(人など)＋動詞の原形〉で「(人など)に～させる」，〈help ＋目的語(人など)＋動詞の原形〉で「(人など)が～するのを手伝う〔～する手助けをする〕」。help の場合，動詞の原形の代わりに to ～(不定詞)となることもある。

S	V	O	動詞の原形
	Let ～させてください	me 私に	tell you about my club. クラブについて話す
Music 音楽は	helps ～する助けとなる	you 人々が	sleep better. よりよく眠る

←I tell you …の関係
←you sleep betterの関係

過去問　4.（　）内から最も適するものを選びなさい。

Let (ア open　イ me open　ウ me to open　エ I open) that door for you.

③ ア
④ イ

月　日

15. 前置詞・接続詞・重要な連語

① 前置詞★★

I have lived in this city since 2010.
（私は2010年からずっとこの市に住んでいます。）

～で（場所）	at , in	～に沿って	along	～以来	since
～の後ろに	behind	～を横切って	across	～までに（期限）	by
～の近くに	by, near	時刻	at	～まで	until
～のまわりに	around	曜日，日付	on	～で（手段）	by
～の中へ	into	月，季節，年	in	～で（道具）	with
～から	from	～の間（期間）	for	～で（手段）	in
～へ	to	～の間に	during	～なしに	without

過去問　1.（　）内から最も適する語を選びなさい。　〔栃木〕

We don't have classes（ア at　イ for　ウ in　エ on）Sundays.

② 前置詞の働きをする連語★★★

We couldn't go to school because of heavy rain.
（大雨のために私たちは学校へ行くことができませんでした。）

because of ～	～のために（理由）	next to ～	～のとなりに〔の〕
instead of ～	～の代わりに	in front of ～	～の前に
thanks to ～	～のおかげで	between A and B	A と B の間に

Let's meet in front of the station.（駅の前で会いましょう。）

過去問　2. 日本文に合うように，（　）に適する語を入れなさい。

私は彼の顔をもっとよく見るために彼の前に立ちました。　〔立教高一改〕

I stood in（　　　）of him（　　　）see his face（　　　）.

解答
① エ
② front, to, better

入試では　when ～，if ～ では未来のことも現在形で表すことをおさえておく。

③ 接続詞 ★★★

When you are in trouble, please contact me right away.
（困ったときは，私にすぐ連絡をください。）

時	when（～のとき）	after（～したあと）	理由	because（～なので）
	before（～する前）	while（～する間）	条件	if（もし～ならば）
	until（～まで）	since（～して以来）	譲歩	though（～だけれども）

that（～ということ）

We thought (that) he would come too.（私たちは彼も来ると思っていた。）
過去形 → that節 → 過去形　　×「来た」

I'm sure (that) they will agree with you.（彼らはきっとあなたに同意してくれます。）
be動詞＋形容詞＋that節

過去問　3.（　）内から最も適する語を選びなさい。〔岩手一改〕

I have been here（ア since　イ for　ウ from　エ as）I was born.

④ 接続詞の働きをする連語 ★★★

Mike speaks not only Japanese but also Chinese.
（マイクは日本語だけでなく中国語も話します。）

as soon as ～（～するとすぐ）	both A and B（AもBも両方とも）
so ～ that ...（とても～なので…）	not only A but (also) B（AだけでなくBも）

As soon as I left home, it began to rain.（家を出るとすぐに，雨が降り出した。）
Both he and his sister live in Rome.（彼も彼の妹もローマに住んでいる。）

過去問　4.（　）内の語を正しく並べかえなさい。

The restaurant is (not, also, crowded, weekends, on, but, only) on weekdays.
The restaurant is ＿＿＿＿＿＿＿＿＿＿＿＿ on weekdays.

③ ア
④ crowded not only on weekends but also

3 漢文の形式・訓読法 ★★

漢文とは、古い中国語で書かれた文章のこと。原文を白文(はくぶん)、訓点(句読点・**返り点**・送りがな)を付けたものを訓読文、それを漢字かな交じり文に書き改めたものを**書き下し文**という。

例 読書〈白文〉
読ム レ 書ヲ。〈訓読文〉
書を読む。〈書き下し文〉

主な返り点		
レ点	下の一字から上の一字に返って読む。	例 徳不レ孤ナラ。〈徳孤ならず。〉
一・二点	一までを読んだあと、二に返って読む。	例 家書抵(あた)ル二万金一。〈家書万金に抵たる。〉
上・下点	一・二点をはさみ、上から下に返って読む。	例 不下与(と)二邑里(むらざと)一通上ゼ。〈邑里と通ぜず。〉

●送りがなは歴史的かなづかいを用いる。書き下し文にするときは、不(ず)や可(べ-し)もひらがなに直す。

●置き字(而・於・于など)は読まない。
例 三十ニシテ而立ツ。(三十にして立つ。)

ここ確認
●( )内の書き下し文を参考にして、「陥(とほ)サバ し子之盾ヲ何如(いかん)。」(子の盾を陥さば何如。)に返り点を付けなさい。(青森)

ここ重要
古文では、述語の内容や敬語表現から、省略された主語を読み取ろう。

C 「白雲生処□二□□一」は「白雲生ずる処(ところ)人家有り」と読む。各□に適切な漢字を書きなさい。(宮崎)

解答

ここ確認
●陥サバ二子之盾一ヲ何如。

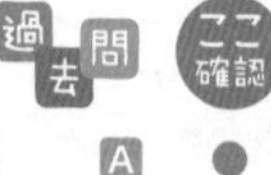
過去問
A すこしずつとりいでて、つかいたまえ
B イ(「今日は、波が立たないでくれ」と人々が終日祈った効果があって、波も風も立たない。)
C 有二人家一

9. 古典

入試では

古文では、歴史的かなづかいを直す問題はよく出題される。省略された主語を問う問題も多い。

月　日

① 歴史的かなづかい ★★★

文頭以外の「はひふへほ」は「ワイウエオ」と読む	例 遣(つか)はす▼遣わす　言ふ▼言う　にほひ▼におい
「ゐ・ゑ・を」は「イ・エ・オ」、「ぢ・づ」は「ジ・ズ」と読む	例 まゐる▼まいる　ゆゑ▼ゆえ　をかし▼おかし　みづ▼みず
「au・iu・eu・ou」は「ô・yû・yô・ô」と読む	例 からうじて(au)▼かろうじて(ô)　けふ(eu)▼けう(yô)▼きょう

② 古文特有の語句 ★

現代と意味が異なる語	例 あはれ▼しみじみとした趣(おもむき)がある　めでたし▼すばらしい
現代では使われない語	例 いと▼とても　いかで▼どうして　むげなり▼言いようもなくひどい

●古文には、上記のほかに次の特徴がある。
①主語の省略
②主語を表す「が」の省略と「の」の多用
③係り結び

●助動詞にも、き・けり(過去)　ぬ・たり(完了)　む(推量・意志)　す・さす・しむ(尊敬・使役)　など、古文特有のものがある。

過去問

A 「すこしづつとりいでて、つかひ給へ」を、現代かなづかいを用いて、すべてひらがなで書きなさい。　〔拓殖大第一高〕

B 次の――線部の意味として適切なものを、あとから一つ選びなさい。

「けふ、波な立ちそ」と人々ひねもすに祈(いの)る<u>しるしありて</u>、波風立たず。

ア 見方が変わって
イ 効果があって
ウ 印象が変わって
エ 目標があって　〔富山〕

② 短歌・俳句 ★★

短歌	
形式	五・七・五・七・七の五句**三十一音**の定型詩。
句切れ	意味の流れが切れる部分。そこに**感動の中心**がある。

俳句	
形式	五・七・五の三句**十七音**の定型詩。
季語	**季節**を表す言葉。一句に一つが原則。季節別に、(新年)、春、夏、秋、冬に分けられる。
切れ字	意味が切れることを表す語で、「ぞ・や・か・よ・かな・けり・なり」などがあり、**詠嘆**や**強調**を表す。その語を抜いても意味が通る。切れ字がある部分に、**句切れ**がある。

● 短歌で使われる表現技法として、特定の語の上に付く**枕詞**がある。

例 ひさかたの→光　たらちねの→母

● 季語を季節ごとに分類した書物を「**歳時記**」という。

ここ確認

❷ 次の俳句の季語と季節を答えなさい。

① 心細く野分のつのる日暮かな

② かたまつて薄き光の菫かな

ここ重要

特別なところ(句切れ・切れ字・表現技法)に感動の中心がある。

B 次の俳句の中から、春・夏・秋・冬の句をそれぞれ一つずつ選びなさい。

ア 旅に病んで夢は枯野をかけ廻る

イ 草の戸も住み替はる代ぞ雛の家

ウ 菊の香や奈良には古き仏達

エ 閑かさや岩にしみ入る蝉の声

(茨城―改)

解答

ここ確認

❶ イ

❷ ①野分・秋　②菫・春

過去問

A イ

B (春)イ(雛)

(夏)エ(蟬)

(秋)ウ(菊)

(冬)ア(枯野)

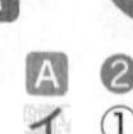
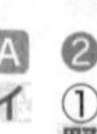

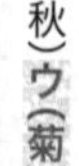

8. 詩・短歌・俳句

入試では

詩では、擬人法・体言止め・倒置法などの表現技法についてよく出題される。

① 詩の分類と表現技法 ★★

詩の分類

用語	
文語詩	昔の言葉で書かれた詩
口語詩	現代の言葉で書かれた詩
形式	
定型詩	一定の音数で統一されている詩
自由詩	音数にとらわれずに書かれた詩

表現技法

比喩	たとえ。直喩・隠喩、擬人法がある。
体言止め	行末を名詞で止め、余韻を残す。
倒置法	語順を逆にして、意味を強める。
反復法	繰り返すことで、強調する。

●用語と形式を組み合わせて、文語定型詩・口語自由詩などという。

●内容による分類では叙情詩、叙景詩、叙事詩がある。

●「ような」を用いた比喩を直喩、用いない比喩を隠喩という。

ここ確認

❶「うららかに青い空には陽がてり　火山は眠つてゐた（立原道造の詩より）」の、——線部のような表現技法を次から一つ選びなさい。

ア 体言止め　イ 擬人法　ウ 倒置法　エ 反復法

過去問

Ａ 次の詩の形式を、あとから一つ選びなさい。

紙風船　黒田三郎

落ちてきたら
今度は
もっと高く
もっともっと高く
何度でも
打ち上げよう
美しい願いごとのように

ア 口語定型詩　イ 口語自由詩　ウ 文語定型詩　エ 文語自由詩

（大分）

月　日

② 助動詞 ★★

語	意味	語	意味
れる・られる	受け身・可能・尊敬・自発	た(だ)	過去・完了・存続・想起
せる・させる	使役（しえき）	らしい	推定
たい・たがる	希望	ようだ・ようです	推定・比喩（ひゆ）
ない・ぬ(ん)	否定（打ち消し）	そうだ・そうです	推定・様態・伝聞
う・よう	推量・意志・勧誘（かんゆう）	まい	否定の意志・否定の推量
ます	丁寧（ていねい）	だ・です	断定

● 助動詞は付属語で活用があり、用言・体言などに意味をそえる。

● 「ない」の識別
「ない」を「ぬ」に置き換（か）えられれば助動詞。
例 読みたくない（形容詞）
→読みたくぬ×
読まない（助動詞）
→読まぬ○

ここ確認

❷ 次の――線部の助動詞の意味を答えなさい。
私の気持ちが、あなたには届かないようね。

ここ注意
助詞・助動詞は文節の初めにこないことに注意。

ア 夏休みの友人との旅行が思い出される。
イ ここから駅まで五分で行かれる。
ウ クラスの委員として推薦（すいせん）される。
エ お客さまが品物をたくさん買われる。
（神奈川）

「れる・られる」の4つの意味は、確実に覚えよう。

解答

ここ確認
❶ に・と・から・が・よ
❷ 否定（打ち消し）

過去問

A イ・ウ
B ウ（受け身）

7. 助詞・助動詞

入試では
助詞は同じ働きのものを選ぶ問題が多い。「ない」「で」などの品詞の識別問題がよく出題される。

① 助詞 ★★

種類	働き	語
格助詞	主に体言に付き、文節の関係を表す	を・に・へ・より・や が・と・から・で・の
接続助詞	活用する語(用言や助動詞)に付き、前後をつなぐ	ば・ので・のに・けれど・し ながら・たり(だり)・て(で)・が と・から・ても(でも)・ものの
副助詞	いろいろな語に付き、意味をそえる	は・も・こそ・さえ・だけ・など ばかり・ほど・でも・か・まで
終助詞	文末や文節の切れ目に付く	ね(ねえ)・よ・なあ・な・ぞ・さ とも・か・の・や・わ・かしら

● 助詞は付属語で活用がなく、いろいろな語に付いて意味を加えたり語の関係を示したりする。

● 助詞のすぐ上が、体言(格助詞)か、活用する語(接続助詞)か、文末(終助詞)かを見分ける。

ここ確認

❶ 次の文から助詞をすべて抜き出しなさい。
春になると、山から吹(ふ)く風がしだいに柔(やわ)らかくなるよ。

過去問

A 次の――線部の中から付属語をすべて選びなさい。
アなるべく平たい石を選んで、水面に向かって横手から投げると、イ石はぴょんぴょんと水面上をはずウみながら飛んでゆエく。
（石川―改）

B 次の文中の――線部「れる」と同じ意味のものを、あとから一つ選びなさい。
・誠実に努力を重ねれば、人から信頼される。

月　日

② 連体詞 ★★

形による分類

～の	この本・その皿・ほんの気持ち
～が	わが国・われらが国歌
～な	大きな目・おかしな顔・こんなこと
～た・だ	たいした人・たった一つ・とんだ災難
～る	ある日・きたる日曜・あらゆる手段

まぎらわしい品詞の識別

連体詞と動詞	ある日のこと…**連体詞** プレゼントがある…**動詞**
連体詞と形容詞	大きな時計…**連体詞** 大きい時計…**形容詞**
連体詞と形容動詞	いろんな遊び…**連体詞** いろいろな遊び…**形容動詞**

●自立語で活用がなく、連体修飾語になる。主語にはならない。

●活用できないものは連体詞である。「いろいろな」は、形容動詞「いろいろだ」の連体形。

ここ確認

❷ **次の文から連体詞をすべて抜き出しなさい。**

あらゆることを計算に入れて、この困難な問題を解決しよう。

ここ注意

連体詞の末尾は「の・が・な・た(だ)・る」のいずれかである。

ア 桜の名所である町

イ 幾棟もある建物の窓

ウ 窓からこぼれている灯であるかも知れない

エ あるいはまたクリスマス・ツリーの豆電燈のように

オ ある華やかさを持ったもの

（お茶の水女子大附高―改）

❶ ①エ　②イ

❷ あらゆる・この

Ａ イ（状態の副詞、ほかは呼応の副詞）

Ｂ オ（連体詞）

6. 副詞・連体詞

入試では
副詞の呼応は頻出問題。連体詞は、形容詞・形容動詞などほかの品詞との識別が問われる。

月　日

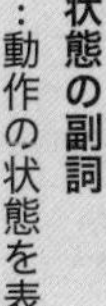

① 副詞 ★★

状態の副詞 …動作の状態を表す	例 すいすい泳ぐ。 ばったり出会う。
程度の副詞 …物事の程度を表す	例 かなり寒い。　ずいぶん静かだ。 ※ずっと前。　もっとゆっくり。
呼応の副詞 …下に決まった言い方がくる （それぞれ（　）内の表現と呼応する）	例 決して忘れない。（否定） たぶん行くだろう。（推量） もし雨が降れば。（仮定） まるで雲のような。（比喩） ぜひ会いたい。（希望）

注 ※の場合、時間や場所などを表す体言（名詞）や副詞を修飾することもある。

●自立語で活用がなく、主に連用修飾語になる。主語にはならない。

●声や音を表す擬声語、様子を表す擬態語も副詞である。

例 犬がワンワン鳴く。（擬声語）
にこにこ笑う。（擬態語）

ここ確認

❶ 次の文の□に入る語句を、あとから一つずつ選びなさい。

① □借してください。　② □こわくない。

ア なぜ　イ 少しも　ウ たとえ　エ どうか

過去問

A 次の――線部の副詞の中で、種類が違うものを一つ選びなさい。

ア ぜひ見ておきたい。
イ わざわざ見に行かない。
ウ まったく見られない。
エ おそらく英雄の墓だろう。
オ なぜ知っているのですか。

（明治大付属中野高―改）

B 「ある部分は日光のもとに白く輝き」の「ある」と文法の性質が同じものを、次から一つ選びなさい。

❷ 形容詞・形容動詞 ★★

	形容詞	形容動詞		主な続き方
基本形	寒い	元気だ	元気です	
語幹	さむ	げんき		
未然	かろ	だろ	でしょ	う
連用	かっ く う	だっ で に	でし	た ない なる
終止	い	だ	です	言い切る
連体	い	な	(です)	とき ので
仮定	けれ	なら	○	ば
命令	○	○	○	

- どちらも活用するが、動詞と異なり、命令形はない。
- 言い切りの形が「い」なら形容詞、「だ」なら形容動詞。
- 形容詞に「ございます」が続くと、連用形が「寒うございます」となる(ウ音便)。

ここ確認

❷ **次の文の——線部①・②の品詞名とその活用形を答えなさい。**

父の病気が①心配なので、今日は②早く帰宅します。

ここ重要

形容詞・形容動詞は、言い切りの形で区別しよう。

ウ 本日は暑うございます。
エ 別離を惜(お)しむべきだ。
オ 目覚めるとまず顔を洗った。
(多摩大目黒高)

活用表は必ず暗記しよう。

解答

ここ確認

❶ ア・エ
❷ ①形容動詞・連体形 ②形容詞・連用形

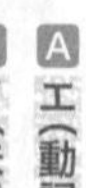

A エ(動詞)
B イ(未然形)

5. 動詞・形容詞・形容動詞

入試では
動詞は、活用の種類と活用形が問われる。形容詞・形容動詞は、品詞の区別ができるように。

part1 社会
part2 理科
part3 数学
part4 英語
part5 国語

① 動詞 ★★★

種類	五段	上一段	下一段	カ変	サ変	主な続き方
基本形	行く	起きる	受ける	来る	する	
語幹	い	お	う	○	○	
未然	か こ	き	け	こ	し・せ さ	ない う・よう
連用	き っ	き	け	き	し	ます た・て
終止	く	きる	ける	くる	する	言い切る
連体	く	きる	ける	くる	する	とき ので
仮定	け	きれ	けれ	くれ	すれ	ば
命令	け	きろ きよ	けろ けよ	こい	しろ せよ	命令の形で言い切る

●活用の種類は、「ない」を付けて区別できる。
書かない（ア段）→五段活用
見ない（イ段）→上一段活用
集めない（エ段）→下一段活用

●カ変・サ変は、「来る」「する」の一語のみ。

ここ確認

❶次の中から下一段活用の動詞をすべて選びなさい。

ア 流れる　イ 泳ぐ　ウ 知る　エ 寝る

過去問

A「意地を張る」の「張る」と同じ品詞を含むものを次から一つ選びなさい。

ア 選手の反応は素早（すばや）かった。
イ これが話題の小説です。
ウ 休日の公園はにぎやかだ。
エ 会場は静寂（せいじゃく）に包まれた。

（岐阜）

B「登ろう」と同じ活用形の語を、次から一つ選びなさい。

ア 教室に飾（かざ）ってある花を模写する。
イ 一番奥（おく）にいたので気づかなかった。

月　日

② 品詞の分類 ★★★

単語	活用	主語・述語	品詞	例
自立語	活用あり	述語になれる	動詞	走る・受ける・遊ぶ
自立語	活用あり	述語になれる	形容詞	美しい・赤い・強い
自立語	活用あり	述語になれる	形容動詞	静かだ・豊かだ・元気だ
自立語	活用なし	主語になれる	名詞	本・花・希望・私・それ
自立語	活用なし	主語になれない	副詞	とても・ゆっくり・もし
自立語	活用なし	主語になれない	連体詞	この・小さな・あらゆる
自立語	活用なし	主語になれない	感動詞	まあ・はい・いいえ
自立語	活用なし	主語になれない	接続詞	しかし・つまり・そして
付属語	活用あり		助動詞	そうだ・らしい・だ
付属語	活用なし		助詞	が・を・から・より・と

●品詞の分類は、①自立語か付属語か、②活用があるかないか、③主語になれるかなれないか、④さらにくわしい性質の分類と、徐々(じょじょ)に基準をしぼっていく。

ここ確認

●次の――線部の品詞名を答えなさい。

①ゆっくり ②泳ぐ ③大きい ④白鳥 ⑤は ⑥とても ⑦優雅(ゆうが)だ。

ここ重要

10の品詞は文法の最重要ポイント。必ず覚えておこう。

B 次の――線部のうち、「大きな」と同じ品詞を一つ選び、その品詞名も書きなさい。

ア 物を縮める性向

イ ある日本人論

ウ 長いトンネル

エ 危険な漂流物

（徳島―改）

解答

ここ確認

●①副詞 ②動詞 ③形容詞 ④名詞 ⑤助詞 ⑥副詞 ⑦形容動詞

過去問

A イ（連体修飾語）

B イ・連体詞

4. 文節相互の関係と品詞の分類

入試では　主語と述語、修飾(しゅうしょく)語と被(ひ)修飾語をさがす問題、また同じ品詞のものを例文中から選ぶ問題が多い。

① 文節相互の関係 ★★★

主語・述語	主語(何が)と述語(どうする・どんなだ・何だ)の関係 例 兄は毎朝走る。花がとても美しい。兄は大学生だ。
修飾・被修飾	修飾するものとされるものとの関係 例 赤いバラが咲く。　雨が激しく降る。
接続	接続語とそれを受ける文節との関係 例 しっかり聞いたから、理解できた。
独立	独立語とそれ以外の文節との関係 例 山田さん、お元気ですか。
並立	同じ資格で対等に並んでいる関係 例 本とノートが必要です。
補助	本来の意味を失って、すぐ上の主な意味をもつ文節に補助的につく関係　例 貸してください。

● 文節の最初の語は必ず自立語(自立語の数＝文節の数)である。

● 修飾語には用言を修飾する連用修飾語と、体言を修飾する連体修飾語がある。上の「赤い」は連体修飾語、「激しく」は連用修飾語である。

過去問

A 例と同じ文節と文節との関係を、あとから一つ選びなさい。

例 穏(おだ)やかな風が吹(ふ)いている。

ア 朝日がまぶしい。

イ 真っ青な空を眺(なが)めている。

ウ 毎日努力して、ぜひ夢をかなえたい。

エ アメリカもヨーロッパも旅行してみたい。

〔群馬―改〕

「吹いている」は連文節だよ。

月　日

② ことわざ ★★

①虻蜂取らず＝二兎を追う者は一兎をも得ず
石橋をたたいて渡る＝念には念を入れる
果報は寝て待て＝待てば海路の日和あり
泣きっ面に蜂＝弱り目にたたり目
ぬかに釘＝暖簾に腕押し　②猫に小判＝豚に真珠
急がば回れ↕善は急げ　棚からぼた餅↕まかぬ種は生えぬ
下手の横好き↕好きこそ物の上手なれ

③ 四字熟語 ★★

同義の二字を重ねる	対義の二字を重ねる	四字が対等	漢数字を含む
悪戦苦闘	異口同音	花鳥風月	一日千秋
完全無欠	空前絶後	起承転結	一望千里
枝葉末節	針小棒大	古今東西	一挙両得
絶体絶命	③朝令暮改	利害得失	一石二鳥
日進月歩	半信半疑	離合集散	④千載一遇
無我夢中	有名無実	老若男女	千差万別

●ことわざ・四字熟語の意味

①欲張ると結局は何も手に入れることができない。

②どんなに高価なものでも、価値のわからない者には無意味である。

③規則や命令がすぐにころころと変わって定まらないこと。

④ほとんど訪れそうもないくらい、よい機会。

ここ確認

❷次の□に漢数字を入れて、四字熟語を完成させなさい。

①□束□文　②□朝□夕　③□変□化

B 次の□に入る漢字のうち、ほかと異なるものを一つ選びなさい。

ア 一期□会　イ 首尾□貫
ウ □触即発　エ 遮二無□
オ □言居士

（多摩大目黒高）

意味がわからなければ、必ず辞書で確認しよう。

解答

ここ確認

❶①目　②火

❷①二・三　②一・一　③千・万

A ①舌　②鼻　③頭　④肩

B エ

3. 入試によく出る語句

慣用句は体の部分、四字熟語は漢数字や対になる漢字を使ったものが出題される。

月　日

① 慣用句 ★★

体の部分	動植物	その他
顔が広い	馬が合う	さじを投げる
目の色を変える	鶴の一声	お茶を濁す
目を丸くする	猫の手も借りたい	板に付く
小耳に挟む	②猫の額	④油を売る
口が滑る	猫をかぶる	水に流す
歯が立たない	虫がいい	味を占める
喉から手が出る	瓜二つ	横車を押す
手を焼く	③なしのつぶて	後の祭り
肩の荷が下りる	根も葉もない	⑤気が置けない
①二の足を踏む	花を持たせる	しびれを切らす
骨が折れる	やぶから棒	⑥渡りに船

●慣用句の意味

①実行するのをためらう。

②非常に狭いこと。

③便りを出しても返事がないこと。

④無駄話などをして仕事を怠ける。

⑤気遣いがいらない。「油断ができない」ではない。

⑥困っているときに都合のよいことが起こること。

ここ確認

❶ 次の□に漢字一字を入れて、慣用句を完成させなさい。

① □に入れても痛くない　② 顔から□が出る

過去問

A 次の――線部が慣用句となるように、□に体の部分を示す漢字一字を書きなさい。

① 彼女の華麗なピアノの演奏に、クラス全員が□を巻いた。

② 本校の卒業生からノーベル賞受賞者が出て、私は□が高い。

③ 練習後も黙々と素振りを続ける彼の姿には、□が下がる。

④ 努力のかいあって、今では師匠と□を並べる腕前である。

（兵庫―改）

❷ 音読み ★★★

①よゆう	余裕	⑪いじ	維持
②ぎせい	犠牲	⑫かんげい	歓迎
③かくとく	獲得	⑬しゅんかん	瞬間
④さっかく	錯覚	⑭てってい	徹底
⑤しょうこ	証拠	⑮こうけん	貢献
⑥ばくぜん	漠然	⑯ぐうぜん	偶然
⑦ていこう	抵抗	⑰けっさく	傑作
⑧しゅうかく	収穫	⑱きょくたん	極端
⑨ほんやく	翻訳	⑲みりょく	魅力
⑩してき	指摘	⑳はっき	発揮

●同音異義語は意味で使い分ける。

ツイキュウ｛責任の追及。利益の追求。真理の追究。｝

タイショウ｛実験の対象。対照的な性格。左右対称の形。｝

カテイ｛研究の過程。博士課程。温かい家庭。仮定と結論。｝

ここ確認

❷ 次の――線部のかたかなを漢字に直しなさい。

① ビミョウな色の違（ちが）い。

② フクザツな気持ち。

③ 理論にムジュンがある。

④ フキュウ率を調べる。

ここ注意

部首は意味に関係がある。部首を意識して漢字を覚えよう。

C 次の――線部のかたかなを漢字に直しなさい。

① 生徒手帳に校則をケイサイする。

② 方言がスタれてくる。

③ 布に水分がシントウする。

〔開成高―改〕

解答

ここ確認

❶ ①耕 ②遂 ③促 ④避

❷ ①微妙 ②複雑 ③矛盾 ④普及

過去問

A ①訪 ②映 ③紹介

B ①尊敬 ②勢 ③円熟 ④護衛 ⑤縮

C ①掲載 ②廃 ③浸透

2. 入試によく出る 漢字の書き

入試では
小学校で学習した漢字の出題も多い。同訓異字・同音異義語は、それぞれの意味を正確にとらえよう。

① 訓読み ★★★

①ながめる 眺める
②おだやか 穏やか
③ひろう 拾う
④あざやか 鮮やか
⑤になう 担う
⑥あやつる 操る
⑦おとろえる 衰える
⑧さまたげる 妨げる
⑨ひたい 額
⑩ただよう 漂う
⑪あびる 浴びる
⑫ついやす 費やす
⑬あずける 預ける
⑭ひそむ 潜む
⑮いとなむ 営む
⑯もよおす 催す
⑰あむ 編む
⑱となえる 唱える
⑲みちびく 導く
⑳まねく 招く
㉑きたえる 鍛える
㉒きびしい 厳しい

●同訓異字は意味で使い分ける。

アラワス
- 喜びを表す。
- 正体を現す。
- 書物を著す。

アツイ
- 熱いスープ。
- 部屋が暑い。
- 友情に厚い。

オサメル
- 学問を修める。
- 会費を納める。
- 領地を治める。
- 成功を収める。

ここ確認

❶次の——線部のかたかなを漢字に直しなさい。

① 畑をタガヤす。
② 目的をトげる。
③ 参加をウナガす。
④ 危険をサける。

過去問

A 次の——線部のかたかなを漢字に直しなさい。

① 春のオトズれを待つ。
② 夕日にハえる山々。
③ 友人をショウカイする。

〔福島—改〕

B 次の——線部のかたかなを漢字に直しなさい。

① お年寄りをソンケイする。
② イキオいよく旗を振る。
③ エンジュクした演技を見る。
④ 大統領をゴエイする。
⑤ 先頭との差がチヂまる。

〔岐阜〕

月　日

② 音読み ★★★

①怠惰　たいだ
②示唆　しさ
③凝視　ぎょうし
④克服　こくふく
⑤緩和　かんわ
⑥柔和　にゅうわ
⑦会釈　えしゃく
⑧操作　そうさ
⑨発端　ほったん
⑩起伏　きふく
⑪把握　はあく
⑫嫌悪　けんお
⑬唯一　ゆいいつ
⑭遂行　すいこう
⑮成就　じょうじゅ
⑯更迭　こうてつ
⑰境内　けいだい
⑱体裁　ていさい
⑲頻繁　ひんぱん
⑳均衡　きんこう

● 次の熟語の場合の読みにも注意しよう。
⑦一期一会（いちごいちえ）
⑧動作（どうさ）・作業（さぎょう）
⑨発作（ほっさ）・発足（ほっそく）
⑫悪寒（おかん）・憎悪（ぞうお）
⑭完遂（かんすい）・未遂（みすい）
⑰お内裏さま（だいり）
⑱世間体（せけんてい）

ここ確認

❷ 次の漢字の読みを書きなさい。
①風情　②若干　③便宜　④折衷
⑤措置　⑥納得　⑦気配　⑧享受

ここ重要
音読みと訓読みはセットで覚えておこう。

---

③運命に身を委ねる。
④ほころびを繕う。
（埼玉―改）

解答

ここ確認

❶
①こ　②ともな
③かか　④つちか
⑤へだ　⑥あお
⑦おもむ　⑧おごそ

❷
①ふぜい　②じゃっかん
③べんぎ　④せっちゅう
⑤そち　⑥なっとく
⑦けはい　⑧きょうじゅ

過去問

A
①きざ　②しゃだん
③かわせ　④さと
⑤はぶ　⑥はいせき

B
①ちせつ　②きょうこく
③ゆだ　④つくろ

1. 入試によく出る 漢字の読み

入試では
訓読みは、送りがなに注意して読もう。音読みは、熟語の意味を正確に理解しておこう。

① 訓読み ★★★

①覆う　おおう
②紛れる　まぎれる
③慌てる　あわてる
④巧み　たくみ
⑤著しい　いちじるしい
⑥乏しい　とぼしい
⑦浸す　ひたす
⑧偏る　かたよる
⑨遮る　さえぎる
⑩携わる　たずさわる
⑪抑える　おさえる
⑫陥る　おちいる
⑬募る　つのる
⑭挑む　いどむ
⑮弾む　はずむ
⑯滑らか　なめらか
⑰拒む　こばむ
⑱強いる　しいる
⑲被る　こうむる
⑳顧みる　かえりみる
㉑怠る　おこたる
㉒施す　ほどこす

● 音読みの熟語も覚えよう。
①覆面（ふくめん）・転覆（てんぷく）
⑤著名（ちょめい）・顕著（けんちょ）
⑧偏見（へんけん）・偏屈（へんくつ）
⑩携帯（けいたい）・提携（ていけい）
⑬募集（ぼしゅう）・応募（おうぼ）
⑰拒絶（きょぜつ）・拒否（きょひ）
⑳顧客（こきゃく）・回顧（かいこ）
㉒実施（じっし）・施行（しこう）

● 送りがなは、原則として活用語尾（ごび）を送る。

ここ確認

❶ 次の漢字の読みを書きなさい。

① 凝る　② 伴う　③ 抱える　④ 培う
⑤ 隔てる　⑥ 仰ぐ　⑦ 赴く　⑧ 厳か

過去問

A 次の――線部の漢字の読みを書きなさい。

① 思い出を心に刻む。
② 日光を遮断する。
③ 外国為替について調べる。
④ 親が子を諭す。
⑤ 無駄（むだ）を省く。
⑥ 排斥運動に加わる。

〔富山―改〕

B 次の――線部の漢字の読みを書きなさい。

① 稚拙な字を書く。
② 峡谷を風（ふ）が吹き抜（ぬ）ける。

月　日

装丁デザイン　ブックデザイン研究所
本文デザイン　京田クリエーション
図　版　デザインスタジオエキス．／ユニックス／京都地図研究所
イラスト　京田クリエーション

写真所蔵・提供
内井道夫　宮内庁三の丸尚蔵館　建仁寺　東北電力　徳川美術館所蔵©徳川美術館イメージアーカイブ/DNPartcom　ピクスタ　平等院　ColBase (https://colbase.nich.go.jp/)　三菱重工　山本達夫　ほか
〈敬称略・五十音順〉

本書に関する最新情報は，小社ホームページにある**本書の「サポート情報」**をご覧ください。(開設していない場合もございます。)
なお，この本の内容についての責任は小社にあり，内容に関するご質問は直接小社におよせください。

高校入試 まとめ上手 5科

編著者　中学教育研究会　発行所　**受験研究社**

発行者　岡　本　泰　治　©株式会社　増進堂・受験研究社

〒550-0013 大阪市西区新町2—19—15
注文・不良品などについて：(06)6532-1581(代表)／本の内容について：(06)6532-1586(編集)

Printed in Japan　ユニックス(印刷)・高廣製本
落丁・乱丁本はお取り替えします。